Gisela Walter

Sprache – der Schlüssel zur Welt

Spiele und Aktionen
zur ganzheitlichen Sprachförderung

Gisela Walter

Sprache – der Schlüssel zur Welt

Spiele und Aktionen
zur ganzheitlichen Sprachförderung

FREIBURG · BASEL · WIEN

*Der kleinen und der großen Judith ein Dankeschön
für die vielen, wunderschönen Gespräche.*

6. Auflage

Gedruckt auf umweltfreundlichem, chlorfrei gebleichtem Papier

Umschlaggestaltung: R·M·E Roland Eschlbeck / Rosemarie Kreuzer
Umschlagfoto: Albert Josef Schmidt, Freiburg
Illustrationen: Maryse Forget, Lahr
Lektorat: Martin Stiefenhofer, Freiburg

Alle Rechte vorbehalten – Printed in Germany
© Verlag Herder Freiburg im Breisgau 2003
www.herder.de

Layout und Satz: HellaDesign, Emmendingen
Druck und Bindung: fgb · freiburger graphische betriebe 2009
www.fgb.de

ISBN: 978-3-451-27689-7

Inhalt

Vorwort 9

Die Sprachentwicklung des Kindes 12

Erste Laute 12

Die Lallphase 12

Laut-Spiele 13

Kommunikatives Weinen 15

Muttersprachliche Prägung 18

Die Einhör- und Selektionsphase 18

Zweisprachigkeit 20

Die Nachlall-Phase 20

Spiele mit Tierlauten 20

Silbenketten und erste Worte 23

Der Wortschatz 29

Einfache Sätze und Satzaufbau 32

Sätze-Spiele 32

Gespräche und Fragen 34

Die neue Selbstständigkeit 34

Das Fragealter 35

Fragespiele und Gesprächsrunden 36

Die weitere Entwicklung 40

Zweisprachigkeit und Dialekt 41

Welche Sprache soll's denn sein? 41

Fremdsprachen-Kindergarten 42

Dialekt und Hochsprache 43

Fremdsprachen-Spiele 44

Nonverbale Kommunikation 46

Die „Begleitmusik" der Sprache 46
Eine Sprache für alle Sinne 46
Kommunikationsstörungen 48
Die nonverbalen Informationssysteme 49

Visuelle Kommunikation 50
Individuelle Ausprägungen 50
Gestik 51
Mimik 56
Ein selbstverständliches Kommunikationsmittel 57

Akustische Kommunikation 60
Reizüberflutung und selektive Wahrnehmung 60
Stimme 64
Stimmenvariationen 67
Modulation 72
Artikulation 74
Artikulationsübungen 77
Deutlich sprechen 78
Saugen, Schlucken, Atmen 82
Atmen 84
Sprechen heißt Ausatmen 84
Alles Koordinationssache 85
Sprach- und Sprechstörungen 87
Stottern 87
Poltern 88
Stammeln und Lispeln 88

Taktile Kommunikation 88
Urvertrauen 89
Störungen 89
Spiele mit Berührungen 90

Der Händedruck 91
Begrüßungsrituale 91
Symbolische Kommunikation 93
Olfaktorische Kommunikation 95
Die Welt der Gerüche 95
Erinnerung und Orientierung 95
Schnupper-Spiele 96

Ganzheitliche Sprachförderung 98

Sprache erleben 98
Wörter begreifen 98
Intellektuelle Leistung 99
Kindliche Neugierde 101
Fernsehkinder 103
Störungen 105
Ausgleich und Förderung 106
Sprache und Bewegung 106
Linke und rechte Gehirnhälfte 107
Grobmotorik 112
Knopfdruck-Spielwelt 116
Feinmotorik 119
Fingerspiele 120
Der dicke Daumen 123
Mit allen Sinnen 126
Die Sinneswahrnehmung 127
Enge Vernetzungen 127
Der Tastsinn 129
Mit den Händen schauen 133
Der Geschmackssinn 138

Der Geruchssinn	139
Der Sehsinn	140
Der Hörsinn	143
Der Tiefensinn	146

Sprachverständnis und Sprachspaß 151

Die Entwicklung des Sprachverständnisses	151
Störungen des Sprachverständnisses	154
Verzögerung der Sprachentwicklung	155
Hilfen für das Sprachverständnis	155
Ich-Botschaften	158
Zeitverständnis	159
Zeit erleben	161
Raumverständnis	163
Die Welt der Wörter	167
Sprachgefühl	167
Zauberwörter	168
Ärger und Kritik	169
Der Reiz der Schimpfworte	170
Wörter für Gefühle	171
Störungen der Wortbeherrschung und der Grammatik	176
Das Lexikon im Kopf	177
Fantasie und Bilder	181
Fantasiewörter	182
Störungen des inneren Lexikons	184
Wortabrufstörungen	185
Das Erzählen	186
Erzählkunst	186

Vorwort

Wie heißt das? Was ist das? Was macht man damit? Was passiert dann? Das sind die Fragen von neugierigen Kindern, die den Schlüssel zur Welt besitzen: die Sprache.
Doch bis das Sprachvermögen so weit entwickelt ist, dass ein Kind viele Fragen stellen und im Gedächtnis viel Wissen speichern kann, braucht es ein paar Jahre. Dieser Weg der Sprachentwicklung führt vom ersten Brabbeln und Plappern über die Ein- und Mehrwortsätze zur Kindersprache mit eigenen Wortschöpfungen, bis schließlich nach etwa fünf Jahren dem Kind eine allgemein verständliche Sprache zur Verfügung steht mit mindestens 2000 Wörtern und grammatikalisch richtigen Formulierungen. Jetzt kann es seine Gefühle zum Ausdruck bringen,

seine Meinung kundtun, seine Wünsche äußern, Erlebnisse erzählen, Geschichten fantasieren, Ausgedachtes beschreiben, Spielregeln erklären und Spielspäße treiben. Es beherrscht die Sprache als Kommunikationsmittel.

Doch neben der verbalen Kommunikation gibt es noch die nonverbale Kommunikation mit ihren vielseitigen Mitteilungen, die wir bewusst oder unbewusst einsetzen. So unterstreichen Mimik und Gestik das gesprochene Wort oder können es in einem ganz anderen Licht erscheinen lassen und der Klang einer Stimme verrät Emotionen wie Freude, Angst, Ablehnung, Überzeugung oder Unsicherheit.

Dieses Buch zeigt die ganze Vielfalt der verbalen und nonverbalen Kommunikation. Im ersten Kapitel werden die einzelnen Phasen des Sprachentwicklung des Kindes beschrieben, ebenso Sprachentwicklungsstörungen und wie man darauf reagieren kann. In den weiteren Kapiteln werden die nonverbalen Kommunikationssysteme erläutert, der Zusammenhang zwischen Sprache und Sinneswahrnehmung sowie sprachlicher und motorischer Entwicklung erklärt und eine gezielte Sprachförderung für Kinder vorgestellt, verbunden mit einer Fülle praktischer und erprobter Spielanleitungen.

Spielerisch die Sprache lernen, dieses Motto der Spracherziehung und Sprachförderung zieht sich durch alle Kapitel des Buches. Das didaktische Konzept ist, den Kindern Spielsituationen anzubieten, bei denen sie zum Sprechen animiert werden und z.B. Erlebnisse erzählen, Zusammenhänge begründen, Gegenstände beschreiben, Geschichen erfinden, Gefühle erläutern, gegensätzliche Meinungen klären und dabei vor allem ihre Aussagen deutlich und unmissverständlich zum Ausdruck bringen.

Für die jüngeren Kinder und Kinder mit einer anderen Muttersprache sind diese Spiele anfangs ein Sprechenlernen, Wörterentdecken und Sätzeüben. Doch auch dabei steht der Sprachspaß im Vordergrund, ebenso wie für die sprachgewandteren Kinder, die begeistert bei der Sache sind wenn es darum geht, ausdrucksstarke Sätze zu formulieren, über einen treffenden Ausdruck zu diskutieren, fantasievolle Wortschöpfungen zu suchen oder Wörter für Stimmungen und Gefühle zu sammeln.

Mit dieser Sprachkompetenz ausgestattet, werden die Kinder sich selbst, die anderen und die Welt besser verstehen.

Gisela Walter

Die Sprachentwicklung des Kindes

Erste Laute

Die ersten Lebensjahre sind für die sprachliche Entwicklung des Kindes entscheidend. Kaum auf der Welt, beginnt auch gleich die Kommunikation mit der Umwelt, denn der erste Schrei des Neugeborenen ist eine Mitteilung, auch wenn es ein Reflexverhalten ist. Die Mutter versteht ihr Kind, reagiert auf dieses Schreien und damit beginnt die Sprachentwicklung und auch die Sprachförderung des Kindes. Der Kontakt und die Kommunikation zwischen Mutter und Kind ist zunächst stark von nonverbalen Elementen geprägt: Kuscheln und streicheln, wiegen und schaukeln vermitteln dem Kind Geborgenheit. Doch auch jetzt schon spielt die sprachliche Zuwendung eine große Rolle. Die Lieder, mit denen eine Mutter ihr Kind besänftigt, und ihr leises, beruhigendes Sprechen nimmt das Kind genau wahr. Schon im Alter von wenigen Wochen kann es Stimmen unterscheiden und Stimmungen wahrnehmen. Im Alter von zwei Monaten versucht es bereits, Stimmen und Tonfall von engen Bezugspersonen nachzuahmen.

Die Lallphase

Bald darauf, etwa im achten Lebensmonat, beginnt das Kind, seine Umgebung mit Lautspielen zu unterhalten. Dieses Gurren und Gurgeln, Schnalzen und Schmatzen, Pusten und Prusten ist die Grundlage für alle weiteren Laute, die das Kind später für sein Sprechen braucht. Dieses spielerisch-lustvolle Lallen ist so etwas wie eine Sprechübung. Auch fremd klingende Laute sind dabei, die in der Muttersprache gar nicht vorkommen.

Die Sprachentwicklung des Kindes

Laut-Spiele

Es gibt Spiele für Kindergartenkinder, die aus solchen Lautspielereien bestehen. Diese Spiele sind ein Sprachspaß für Kinder, die die ersten Sprachentwicklungs-Stufen hinter sich und das Lernen neuer Wörter und Grammatikregeln vor sich haben. Diese Spiele bieten auch jenen Kindern einen Spielspaß, die die Lallphase in ihrer Sprachentwicklung nicht ausleben konnten, einen Nachholbedarf haben und deshalb bei diesen Spielen lustvoll-interessiert mitmachen werden. Gründe für solche Störungen können z. B. sein, dass die Eltern bei dem Laut- und Silben-Plappern ihres Kindes nicht reagierten oder mit ihm nur in der Erwachsenensprache kommunizierten.

Auch für Kinder aus Ausländerfamilien sind diese Laut-Spiele ein sinnvoller Lernspaß. Zum einen haben die Kinder die Gelegenheit, ihren eigenen muttersprachlichen Laut(wort)schatz zum Besten zu geben, zum anderen können sie mit den Lautspielereien die benötigten Laute und Silben der deutschen Sprache hören, erkennen und spielerisch einüben.

Bei den nachfolgenden Spielen werden die Geräusche oder Klänge von Gegenständen und Dingen der Umwelt nachgeahmt, sodass sie möglichst echt oder zumindest erkennbar ähnlich sind. Diese Laute sind längst im Spiel der Kinder integriert, etwa das „Sch-sch-sch" der Eisenbahn oder das heulende, intonierte „Wing-wing-wing" der Sirene des Polizeiautos; das tiefe Brummen mit geschlossenen, vibrierenden Lippen ist das Beschleunigen eines Rennwagens, hohes, pfeifendes Blasen ist das Geräusch eines Flugzeugs. Für Kinder ist das alles nicht schwierig und ihr Lautrepertoire ist groß.

Geräuschestudio

- *Mitspieler:* Kleine Gruppe, Kinder ab 3 Jahren.
- *Material:* Bilderkarten, auf denen Gegenstände und Tiere zu sehen sind, deren Geräusche bzw. Laute nachgeahmt werden können. Diese Karten können gemeinsam gebastelt werden. Dazu werden aus Zeitschriften Bilder ausgeschnitten und auf Pappstücke geklebt, genauso gut können aber auch Memory- oder Lotto-Karten benutzt werden.
- *Spielvorbereitung:* Alle Karten liegen mit der Bildseite nach oben auf dem Tisch verteilt.
- *Spieldurchführung:* Ein Kind (z.B. der Kleinste oder der Größte oder das Kind, das zuletzt Geburtstag hatte) beginnt als Geräuschemacher. Es wählt in Gedanken eine Karte aus und ahmt das dazu passende Geräusch nach. Wer errät, welches Bild zum Geräusch passt, zeigt auf die Karte und alle Kinder versuchen gemeinsam, ein passendes Geräusch hervorzubringen. Das Kind, das als Erstes das Bildmotiv erraten hatte, bekommt die Karte und ist der nächste Geräuschemacher.

Laut-Lotto

- *Mitspieler:* Kleine Gruppe, Kinder ab 3 Jahren.
- *Material:* Bilderkarten, jede Karte doppelt.
- *Spielvorbereitung:* Die Bilderpaare werden getrennt auf zwei Stapeln verteilt, den einen Stapel bekommt der Spielleiter (das kann auch ein Kind sein), die Karten des anderen Stapels werden gleichmäßig an alle Mitspieler verteilt.
- *Spieldurchführung:* Der Spielleiter nimmt eine Karte von seinem Stapel und zeigt sie stumm den anderen. Wer von den Mitspielern die gleiche Karte vor sich liegen hat, macht das zum Motiv passende Geräusch, gerade so, wie es ihm einfällt. Stimmt das Geräusch (das entscheidet der Spielleiter), bekommt der Spieler die Karte.
- *Spielvariante:* Sind den Kindern die Bilderkarten und Geräusche bekannt, sorgt eine Spielvariante für Abwechslung. Der Spielleiter nimmt eine Karte, schaut sie an, ohne dass die anderen das Motiv sehen können, und macht selber das passende Geräusch. Wer meint, er hat die gleiche Bildkarte vor sich liegen, macht bei der Lautmalerei mit und bekommt die Karte vom Spielleiter, wenn sein Einsatz richtig war.

Kommunikatives Weinen

Es dauert nicht lange, da äußert sich ein Baby mit unterschiedlichem Weinen, was eine Mitteilung des Kindes an seine Umwelt ist. Liebevolle Eltern und andere Bezugspersonen verstehen diese Aussage. Auf beiden Seiten wird dabei etwas gelernt: Die Erwachsenen lernen, das Weinen ihres Schützlings zu unterscheiden, und erkennen, wann es „ich habe Hunger", „ich fühle mich so allein" oder „ich habe einen nassen Po" heißt. Und das Kind lernt, die Modulation seines Weinens folgerichtig einzusetzen, um den anderen etwas mitzuteilen.

Diese Sensibilität für unterschiedliches Weinen ist auch bei Kindergartenkindern präsent und wird bei den nachfolgenden Spielen noch einmal bewusst wahrgenommen, was auch ein Anlass sein könnte, miteinander darüber zu reden und verschiedene Möglichkeiten nonverbaler Kommunikation zu thematisieren.

Schmusetier-Unterhaltung

- *Mitspieler:* Ein Kind und Erzieherin, kleinere Kinder.
- *Material:* Schmusetier oder Handpuppe.
- *Spieldurchführung:* Die Erzieherin sitzt mit dem Kind in einer stillen Ecke, das Schmusetier auf dem Schoß. Die Erzieherin ahmt das weinende Schmusetier nach, dann nimmt es das Schmusetier auf den Arm und redet liebevoll mit ihm, eben so, wie eine Mutter mit ihrem weinenden Baby reden würde. Die Erzieherin lässt auch das Schmusetier antworten, nicht mit Worten, sondern mit unterschiedlichen weinenden, jammernden oder schluchzenden Lauten.

Je nachdem, wie dieses „Gespräch" verläuft, klingt das Weinen ruhiger und sanfter oder aggressiver und herausfordernder.

Mitten im Spiel setzt die Erzieherin dem Kind das Schmusetier auf den Schoß, redet weiter und fordert das Kind mit aufmunternder Mimik dazu auf, mitzuspielen und die Rolle des Schmusetiers zu übernehmen. Das Spiel dauert so lange, wie Erzieherin und Kind Lust dazu haben.

Kasperle hat Kopfweh

Das ist ein Handpuppenspiel zum Zuschauen, Beobachten und später vielleicht zum Nachspielen, denn die Figuren des Kasperletheaters bleiben nach dem Spiel in einem Korb liegen, für alle sichtbar als Herausforderung und Aufforderung. Das Kasperle wird bei diesem Spiel nur weinen und jammern, aber mit diesen Lautäußerungen sehr unterschiedliche Mitteilungen machen.

- *Mitspieler:* Große Gruppe, Kinder ab 4 Jahren, ein oder zwei Handpuppenspieler, kleine und große Zuschauerkinder.
- *Material:* Die Handpuppen Kasperle, Seppl und Großmutter und ein Spielzeug-Kuchen.
- *1. Spielszene:* Kasperle liegt im Bett, hat einen großen Verband um den Kopf und jammert. Die Großmutter kommt herein, bedauert Kasperle, der jammert jetzt mitleiderregend lauter. Großmutter beschließt, dem Kasperle einen Kuchen zu schenken, um ihn aufzumuntern. Dann geht sie hinaus.
- *2. Szene:* Der Seppel kommt, schaut sich um, sucht das Kasperle, sieht ihn nicht. Da jammert Kasperle etwas lauter. Seppel hört jetzt das Weinen, schaut sich weiter um, aber schaut immer in eine andere Ecke und findet das Kasperle nicht. Kasperle wird darüber wütend, weint heftig laut und sein Weinen wird immer herausfordernder. Da endlich entdeckt der Seppel das Kasperle mit seinem Kopfverband, bedauert ihn, und Kasperles Weinen wird wieder leiser und sanfter, aber sehr kläglich. Da weint der Seppel mit, voller Mitleid. Was den Kasperl wiederum stört. Er will alleine weinen und bemitleidet werden, entsprechend verärgert klingt sein Weinen.
- *3. Szene:* Die Großmutter kommt, sieht beide weinen, wundert sich über Kasperles wütendes Weinen und Seppels mitleidendes Schluchzen. Da packt sie ihren Kuchen aus und lädt beide zum Kuchenessen ein. Des Weinen hört auf, beide kommen zur Großmutter und sie verspeisen miteinander den Kuchen.

Muttersprachliche Prägung

Wenn die Erwachsenen mit dem Säugling sprechen, versteht dieser zwar nicht die einzelnen Worte, doch geschieht bei dieser Kommunikation etwas für die Sprachentwicklung Entscheidendes: Das Kind nimmt die verschiedenen Laute und Sprechmelodien wahr, die in der Sprache regelmäßig wiederkehren, und speichert diese in seinem Sprachgedächtnis. So prägt sich das Kind die Laute und Klänge seiner Muttersprache ein – und ist dabei gerade etwa 9 Monate alt und kann selbst noch nicht sprechen.

Die Einhör- und Selektionsphase

Es wird angenommen, dass ein kleines Kind zuerst mehr als 70 Laute, so genannte Phoneme, erkennt und unterscheiden kann. In der deutschen Sprache werden aber nur etwa 40 gebraucht. Deshalb passiert wieder etwas Interessantes: Sobald das Kind in seinem Sprachgedächtnis alle muttersprachlichen Laute gespeichert hat, werden die nicht gebrauchten Laute im Sprechrepertoire des Kindes gelöscht. Die notwendigen Laute aber werden immer wieder geübt, mit den gehörten verglichen und schließlich im Lauf des Spracherwerbs perfektioniert. Diese Selektionsphase ist wohl der Grund, warum wir später eine Fremdsprache nicht akzentfrei sprechen, es fehlt uns einfach der richtige Zungenschlag für die ungewohnten Laute, die in der Fremdsprache vorkommen.

Einfach zu bildende Laute beherrscht ein Kind schon mit mehreren Monaten (baba, mama etc.), schwierige (etwa die Lautverbindungen z, ts und str, sch) lassen deutlich länger auf sich warten und können manchmal erst im 5. bis 6. Lebensjahr gebildet werden. Daher kommt es, dass Kinder statt „Zahn" zunächst etwa „Tan" sagen.

Entwicklungsstufen des Sprechvermögens

Die Entwicklung des Sprechvermögens läuft bei allen Kindern nach einem festen Schema ab, lediglich beim zeitlichen Ablauf kann es zu individuellen Verschiebungen kommen.
Grundsätzlich gilt: Je mehr Feed-back ein Kind auf seine Sprachäußerungen erhält und je umfangreicher die Sprech- und Hörreize sind, denen es ausgesetzt ist, desto besser und nachhaltiger entwickelt sich sein Sprechvermögen.

- *1. Monat:* Das Kind erkennt die Stimmen der Bezugspersonen.
- *2./3. Monat:* Das Kind antwortet mit ersten Lauten. Es kann mehrere Stimmen und Satzmelodien unterscheiden.
- *5./6. Monat:* Das Kind beginnt zu lallen und zu brabbeln.
- *8. Monat:* Erste Lautverdoppelungen: dada, baba, tata, mama, nana, papa etc.
- *10./11. Monat:* Das Kind differenziert seine Laute gezielt und „redet" mit sich selbst.
- *12. Monat:* Die ersten Worte bzw. Einwortsätze (Holophrasen) entstehen: „Wauwau" etwa kann, abhängig von der Situation, bedeuten: „Das ist ein Hund", „ich will den Hund streicheln", „ich habe Angst vor dem Hund" o. Ä.
- *18. Monat:* Das Kind beginnt, Zweiwortsätze zu bilden.
- *24. Monat:* Drei- und Mehrwortsätze, die in Satzstellung, Grammatik und Aussprache noch fehlerhaft sind, sprudeln.
- *3. Lebensjahr:* Das Kind spricht grammatisch beinahe fehlerfrei und beginnt, Sätze zu verbinden. Erste Satzgefüge entstehen mit den Konjunktionen „und" und „dann".
- *4./5. Lebensjahr:* Das Kind beherrscht die Verknüpfung von Sätzen mit Konjunktionen (weil, darum, wenn, als, oder, aber, nachdem, bevor ...), kann zeitliche und räumliche Zuordnungen sprachlich umsetzen und den Bedeutungsunterschied von aktiver und passiver Rede unterscheiden.

Zweisprachigkeit

Kinder, die zweisprachig aufwachsen und schon von Geburt an beide Sprachen von den Eltern hören, speichern in diesem Fall mehr Laute ab, eben die, die es zum Sprechen der beiden Sprachen braucht. Im weiteren Verlauf des Spracherwerbs werden auch mehr Laute geübt, sodass das Kind im besten Fall zweisprachig akzentfrei sprechen lernt. Diese Spezialisierung auf zwei Sprachmuster ist ebenfalls mit etwa 9 Monaten abgeschlossen und die nicht gebrauchten Laute werden aus dem Sprechrepertoire gelöscht.

Die Nachlall-Phase

Die Nachlall-Phase schließt sich in der Sprachentwicklung an. Das Kind hat alle notwendigen Laute zur Verfügung und imitiert mit seinem Lautrepertoire den Sprachklang der Mutter oder anderer vertrauter Bezugspersonen. Es lallt und brabbelt mit unverständlichem Wortschwall aber mit nie endender Ausdauer im Tonfall der Muttersprache. Diese Lautäußerungen werden auch angepasstes oder soziales Lallen genannt.

Spiele mit Tierlauten

Bei den nachfolgenden Spielen wird wieder mit Lautäußerungen gespielt, diesmal geht es um Tierlaute. Kindergartenkindern sind diese Laute vertraut, denn ein Hundegebell oder Entenquaken gehört zu ihren Spielen, z. B. den Kinderliedern, Fingerspiel-Versen oder Rollenspielen mit dem Spielzeug-Bauernhof oder Bauklötze-Zoo. Da lassen die Kinder ihre Katze miauen, ihre Hühner gackern, ihre Kühe muhen und ihre Pferde wiehern. Und in ihrem Spielzeug-Zoo brüllen die Löwen und trompeten die Elefanten. Ähnlich wird es in den nachfolgenden Spielen zugehen. Ein besonderer Vorzug dieser Spiele ist, dass hier die sprachgewandten und auch die sprachlich eher ungeübten Kinder gleichberechtigt miteinander spielen können, denn die Sprachlaute beherrschen alle. Mit Hilfe dieser Tierlaut-Spiele können Sprechhemmungen abgebaut werden und das Artikulationsvermögen wird gestärkt.

Das Spielmaterial sind kleine Spielzeugtiere, selbst gebastelte Tierbilderkarten oder Spielkarten mit Tierbildern von Quartetts, Memorys oder anderen Tischspielen.

 Tierpaare im Zoo

- *Mitspieler:* Mindestens 7 Kinder, Kinder ab 3 Jahren.
- *Material:* Bildkarten, jeweils zwei Karten mit den gleichen Tiermotiven.
- *Spielvorbereitung:* Alle Karten liegen ausgebreitet auf dem Tisch, die Kinder betrachten die Abbildungen und versuchen, die Tierlaute nachzuahmen.
- *Spielregel:* Ein Kind ist der Zoodirektor, die anderen Kinder sind die Tiere und verteilen sich im Raum. Sie bekommen zu Beginn des Spiels eine Spielkarte zugesteckt, die jedes Kind allein anschaut, um zu wissen, welchen Laut es von sich geben muss. Die Aufgabe des Zoodirektor ist, die Tierpaare zu finden. Er zeigt auf einen Spieler, dieser quakt oder wiehert oder bellt, je nachdem, welches Tier auf seiner Karte abgebildet ist. Der Zoodirektor merkt sich das Tier, zeigt dann auf einen anderen Spieler, der ebenfalls entsprechend seiner Karte einen Tierlaut von sich gibt. Ist es das gleiche Tier, führt der Zoodirektor die beiden zusammen, wenn nicht, muss er nach dem Memory-Such-System weiter vorgehen, hören und vergleichen, bis alle Tierpaare zusammenstehen. Dann werden die Karten neu verteilt und ein anderes Kind spielt Zoodirektor.

 Der Bauer sucht

- *Mitspieler:* Ab 6 Spieler, Kinder ab 3 Jahren.
- *Material:* Tierbilderkarten oder Spielzeugtiere.
- *Spielvorbereitung:* Alle Karten oder Spielzeugtiere liegen auf dem Tisch. Die Kinder schauen, welche Tiere dabei sind, und ahmen die Tierlaute nach.
- *Spielablauf:* Ein Kind ist Bauer, sein Bauernhof der Platz hinter einem Stuhl. Die anderen Kinder sind seine Tiere, die sich auf der Weide tummeln. Die Tier-Kinder haben sich zuvor je eine Karte oder ein Spieltier vom Tisch genommen, das sie hinter dem Rücken verbergen. Die Erzieherin als Spielleiterin merkt sich alle Tiere, die im Spiel sind.
- *Spieldurchführung:* Der Bauer muss seine Tiere in den Stall bringen. Die Spielleiterin sagt ihm, welches Tier er suchen und in seinen Bauernhof zurückbringen muss. Auf ein Zeichen

hin wandern alle Tier-Kinder umher und geben ihren Tierlaut von sich. Aber nicht zu laut, damit der Lärm nicht ohrenbetäubend wird. Der Bauer zieht los, das genannte Tier zu suchen und in seinen Bauernhof zurückzubringen. Hat er es geschafft, kommt ein neuer Bauer an die Reihe.

Tierfamilien

- *Mitspieler:* Ab 8 Spieler, Kinder ab 2 Jahren.
- *Material:* Kleine Spielzeugtiere, jeweils 3 oder mehr von einer Tierart.
- *Spieldurchführung:* Jeder Mitspieler bekommt ein Spielzeugtier in die Hand gedrückt, schaut es heimlich an und versteckt das Tier wieder. Auf ein Zeichen hin geht das Tierkonzert los. Jedes Kind bellt, muht, gackert oder macht einen anderen Laut, passend zu dem Tier in seiner Hand, und wandert los, seine Tierfamilie zu finden. Sind z. B. alle Hunde zusammengekommen, dürfen die Spielfiguren gezeigt und verglichen werden. Alle gleich? Dann heißt es so lange warten, bis alle Tierfamilien sich gefunden haben.

Silbenketten und erste Worte

Ein energisches „da" oder ein kurzes „a" ist meist der erste kommunikative Laut, den das Kind von sich aus einsetzt, um etwas mitzuteilen. Beispielsweise zeigt es mit einem lauten „da" auf einen Gegenstand, den es gerade entdeckt und haben möchte, oder auf eine Person, die es sieht.
Als Nächstes folgen kurze Silben, z. B. „ma", „ba" oder „pa". Dann bringt es Silbenverdopplungen hervor, z. B. „pa-pa". Die Eltern reagieren begeistert, sie wiederholen diese ersten Worte und diese Ermunterung sorgt dafür, dass ein Kind schnell be-

greift, dass es mit „Mama" und „Papa" die Eltern bezeichnen kann, diese Laute also eine Bedeutung haben. Die sprachliche Kommunikation beginnt.

Bald werden aus diesen Silben und Silbenketten erste Worte, die das Kind im Alter von etwa 1 Jahr sprechen kann. Das Ein-Wort-Stadium beginnt, das heißt, ein Wort wird stellvertretend für eine oder auch mehrere Aussagen eingesetzt. Die Erwachsenen verstehen, was gemeint ist, wenn sie das Kind und das, was es gerade tut oder tun will, beachten. Es sind vor allem Wörter für Dinge, die dem Kind wichtig sind, mit denen es gerne spielt oder die es gerne isst. „Lade" ist beispielsweise so ein Lieblingswort, und gemeint ist Schokolade.

Überraschend dabei ist, dass das Kind bereits viel mehr Worte versteht, als es selber sprechen kann. Das zeigt es in seiner Reaktion, etwa wenn es tut, um was es gebeten wird. Ein beliebtes Eltern-Kind-Spiel in dieser Phase verläuft nach dem Muster: „Gib mir bitte ..." und die Gegenstände, nach denen das Kind greifen kann, sind die Spielsachen dazu.

Brabbel-Babbel-Spiele

Vielleicht haben Sie diese Sprache schon bei ihren Kindergartenkindern gehört? Diese klangvolle Fantasiesprache mit variationsreicher Intonation scheint so etwas wie eine Nachahmung der Baby-Brabbel-Sprache zu sein. Sie ist es aber nicht, weil sie von Kindern im Kindergartenalter viel anspruchsvoller ausgestaltet und eingesetzt wird. Dennoch stammen die kreativ angewandten Silbenwörter aus dem Lautrepertoire der ersten Babywörter.

Kinder sprechen diese Fantasiesprache gerne, einfach so, für sich und vor sich hin, wenn keiner zuhört, manchmal auch im Rollenspiel mit den Puppenstuben-Püppchen. Sie hört sich z. B. so an: Kidibinubi ... kalu ... kabalubi ... Oder: Sumbidum ... plawumm – bummwummm ...

Die Sprachentwicklung des Kindes

Ob Sie auch so fantasievoll sprechen können? Das wäre schön, dann könnten Sie den Kindern immer wieder Anregungen für solche Fantasie-Wörter-Spiele geben.
Probieren Sie es einfach einmal aus. Beginnen Sie mit einem vorsichtigen „Blabbel-babbel" und ergänzen Sie ihre Brabbel-Aussage mit immer fantasievollerem Silben-Geplapper. Die Kinder werden Sie vielleicht zuerst verdutzt anschauen, aber dann wird eines ums andere mitmachen.

Brabbel-Unterhaltungen

- *Mitspieler:* Kleine oder große Gruppe, Kinder ab 5 Jahren.
- *Spielregel:* Jeweils zwei Kinder spielen eine Brabbel-Unterhaltung vor. Sie vereinbaren zuvor ob sie sich z. B. etwas Spannendes erzählen oder etwas Langweiliges, oder ob sie miteinander streiten oder sich liebevolle Schmeicheleien sagen. Erfahrungsgemäß dauert so eine Sprach-Szene nicht sehr lang und ebenso erfahrungsgemäß hören die Zuschauer fasziniert zu.
Nach dem kurzen Dialog zeigen die Spieler mit einer Verbeugung, dass ihre Aufführung jetzt zu Ende ist. Nun kommen zwei andere Kinder an die Reihe.

Wortschöpfungen

Was ist ein Dida, ein Murmi, ein Towami und ein Libalu? Dida ist das Schmusetuch von Nina, Murmi ist der Teddy von Jonas, Towami ist das selbst erfundene Autorennspiel von Sandra und was ein Libalu ist, hat mir Max bis heute noch nicht verraten. Haben die Kinder das Wörter-erfinden-Spiel einmal entdeckt und den Reiz des Reimens und Wortschöpfens durchschaut, wird daraus eine beliebte Sprachspielerei. Den ersten Impuls für diese Sprach-Spaß-Spiele sollten Sie den Kindern geben, etwa mit folgenden Aktionen:

- Sie basteln eine witzige Figur, erfinden einen fantasievollen Namen dafür und verraten ihn den Kindern. Dann basteln Sie noch etwas dazu, vielleicht ein Haus für die Figur, einen Wagen oder eine Rakete, und erklären den Kindern, wie diese Dinge heißen. Je komischer, desto besser!
- Ein anderer Anfang könnte ein Spaziergang im Wald sein. Sie nehmen ein Holzstück in die Hand und erläutern, dass dieses ein ... ist. Und der umgekippte Baumstamm ist ein ...! Und schon ist das Wortschöpfungsspiel in vollem Gange.

Sprechen mit den Kleinen

Wenn sich Erwachsene mit kleinsten und kleinen Kindern unterhalten, lässt sich ein auffälliges Phänomen beobachten. Die Erwachsenen sprechen in erhöhter Tonlage mit aufmunternder Mimik, die Sätze sind kurz, einfach gegliedert und gespickt mit „Babywörtern". Insgesamt hat diese Art der Rede, die in der Forschung auch das „Mutterische" genannt wird, einen stark auffordernden Charakter und scheint durch die Betonung von Schlüsselwörtern und das langsame, deutliche Artikulieren die Verstehensebene des Kindes eher anzusprechen als komplizierte, längere Sätze in der Sprache Erwachsener. Selbst ältere Kinder verfallen in diesen einfachen, mutterischen Ton, wenn sie sich mit kleinen Kindern unterhalten.

Nonsens-Verse

Es gibt etliche alte Kinderreime mit vielen Silben, die keine Wortbedeutung haben. Diese so genannten Nonsens-Verse sind aber keinesfalls Nonsens, sie sind durchaus wertvoll. Über Generationen hinweg wurden sie weitergegeben, also weitergesagt, auch variiert oder durch neue Verse und Reime erweitert. Heute sind sie literarischer Bestandteil einer Kinder-Sprachkultur. Was ist das Besondere an diesen Versen, dass sie von den Kindern begeistert nachgesprochen und immer aufs Neue wiederholt werden? Vielleicht, weil hier die Erinnerung an das lustvolle Silbensprechen aktiviert wird, verbunden mit dem Spaß an Sprachrhythmen, Sprachmelodien und Sprachklängen. Also, spielen Sie mit und geben Sie den Kindern Sprachspiel-impulse wie etwa die folgenden:

Abzählverse aus Urgroßmutters Kinderzeit

Ene mene dubbe dene
Dubbe dene dalia
Ebbe bebbe bembio
Bio bio buff.

Ebbele bebbele
bibbele bu
Bibbele babbele
raus bist du.

Spaßverse aus Großmutters Kinderzeit

Es ging eine Ziege am Wege hinaus,
meck mereck, meck meck meck meck.
Die Kuh, die sah zum Stall heraus,
meck mereck, meck meck meck meck.
Die Kühe und die Ziegen
Meck mereck meck meck meck meck,
Die machen sich ein Vergnügen
Meck mereck, meck meck meck meck.

Hüpfevers aus Mamas Kinderzeit

Auf einem Gummi-Gummi-Berg,
das wohnt ein Gummi-Gummi-Zwerg,
und dieser Gummi-Gummi-Zwerg,
der hat 'ne Gummi-Gummi-Frau,
und diese Gummi-Gummi-Frau,
die hat ein Gummi-Gummi-Kind,
und dieses Gummi-Gummi-Kind,
das hat ein Gummi-Gummi-Kleid,
und dieses Gummi-Gummi-Kleid,
das hat ein Gummi-Gummi-Loch,
und du bist es doch!

Der Wortschatz

Der Wortschatz des Kindes nimmt nach 1½ Jahren rasant zu und wächst zu einem großen Schatz heran; mit 1¾ Jahren können es schon 200 Wörter sein, mit 2 Jahren etwa 300 Wörter und mit 3 Jahren hat das Kind ein Repertoire von 1000 und mehr Wörtern zur Verfügung.

Die so genannten Kimspiele sind jetzt ideal für Kinder, die gierig nach neuen Wörtern sind und Begriffe für die Dinge um sich herum lernen wollen. Auch Kinder mit einem geringeren Wortschatz, also die jüngeren Kinder oder vielleicht auch die Kinder von Ausländerfamilien, haben bei den nachfolgenden Wörter-Spielen viel Spaß, denn es kommt nicht das Gefühl von Überlegenheit oder Unterlegenheit auf. Diese Ratespiele sind für Kinder „ein leichtes Spiel". Das Wörter-Lernen ist dabei Nebensache, der Spielspaß steht im Vordergrund.

Eine Besonderheit der Spiele ist, dass die Kinder die genannten Dinge anfassen und abtasten; eine bewährte Methode, um Begriffe schneller zu lernen und besser im Gedächtnis zu speichern. In den nachfolgenden Wörterspielen werden nur die wichtigsten Grundregeln beschrieben, hinter denen viele Regelvarianten stecken, die Sie nach einigen Spielrunden mit den Kindern selbst festlegen können.

Dinge im Korb

- *Mitspieler:* Höchstens 10 Kinder ab 3 Jahren.
- *Material:* Korb, Gegenstände aller Art, das können z. B. Spielsachen, Bastelutensilien, Dinge aus der Küche und Handwerkersachen sein.
- *Spielvorbereitung*: Die Erzieherin legt ein paar Gegenstände in den Korb, stellt den gefüllten Korb auf den Boden, die Mitspieler sitzen um den Korb herum.

- *Spieldurchführung:* Die Erzieherin holt einen Gegenstand nach dem anderen aus dem Korb und verteilt die Sachen an die Kinder. Der Reihe nach sagt jedes Kind, was es in der Hand hat und legt den Gegenstand in den Korb zurück. Jetzt beginnt das Aufzählen: Ein Kind beginnt und darf mindestens drei Sachen aufzählen, dann ist der nächste dran. Weiß keiner mehr einen noch nicht genannten Gegenstand, wird der Korb umgekippt und verglichen, ob alles aufgezählt wurde. Danach ist ein Kind Spielleiter, sammelt neue Sachen ein und die Spielrunde beginnt von vorne. Zum Schluss werden alle Gegenstände gemeinsam wieder aufgeräumt.

Sachen aus der Puppenecke

- *Mitspieler:* Höchstens 10 Kinder ab 3 Jahren.
- *Material:* alles, was in der Puppenecke zu finden ist
- *Spielvorbereitung:* Die Mitspieler sitzen zusammen.
- *Spieldurchführung:* Ein Kind beginnt und nennt drei oder mehr Gegenstände, von denen es weiß, dass es diese Sachen in der Puppenecke gibt. Dann geht es los, sammelt das, was es aufgezählt hat, in der Puppenecke ein und bringt es zu den anderen Mitspielern. Hat es auch nichts vergessen? Das überprüfen die Mitspieler. Zum Schluss sucht sich das Kind einen Helfer aus, beide bringen die Gegenstände in die Puppenecke zurück, und der Helfer ist zur Belohnung der nächste Spieler, der in der Kinderrunde „Sachen aus der Puppenecke" aufzählt. Er kann aber auch Sachen aus der Bastelecke oder aus der Bauecke benennen.

Die Sprachentwicklung des Kindes

Dinge im Kreis herumgeben

- *Mitspieler:* Etwa 10 Kinder ab 3 Jahren.
- *Material:* Verschiedene Gegenstände.
- *Spielvorbereitung:* Alle Mitspieler sitzen eng beieinander im Kreis. Die Erzieherin als Spielleiterin hat in einem Korb einige Sachen versteckt.
- *Spieldurchführung:* Die Kinder halten ihre Hände hinter ihrem Rücken, die Spielleiterin gibt dem ersten Kind einen Gegenstand in die Hand, dieses tastet das unbekannte Ding ab. Dann gibt es den Gegenstand seinem Nebensitzer weiter, ohne ihn gesehen zu haben. So werden alle Sachen im Kreis herum weitergegeben und abgetastet. Sind alle Dinge wieder im Korb verschwunden, zählen die Kinder auf, was alles dabei war. Erst zum Schluss wird der Korb ausgeleert und die Kinder vergleichen, ob sie alles gewusst haben.

Einfache Sätze und Satzaufbau

Nicht nur Wörter eignet sich ein Kind Schritt für Schritt an, auch an den Satzbau wagt es sich langsam heran. Nach einer Phase von Zweiwortsätzen bildet es schnell Sätze mit drei und mehr Wörtern. Diese Sätze sind zunächst in ihrem Aufbau einfach und reihen in scheinbar frei wechselnder Reihenfolge meist nur Substantive und Verben aneinander. Langsam entwickelt das Kind so ein Muster für den Bau der Sprache und probiert aus, was möglich ist und verstanden bzw. korrigiert wird. So wird ein Kind schnell von der Satzform „Mama Eis holt" abkommen und „Mama holt Eis" sagen. Typisch für diese Phase sind die zwar logisch abgeleiteten, aber dennoch unrichtigen Verbformen. Den Unterschied zwischen starken und schwachen Verben muss das Kind erst an vielen Beispielen hören und so bildet es vielleicht statt der korrekten Partizipform des schwachen Verbs „gebracht" die falsche, starke Form „gebrungen". Kinder eignen sich so die Sprache durch Zuhören und Ausprobieren innerhalb kurzer Zeit an, ohne sie bewusst lernen zu müssen. Wie das funktioniert, weiß niemand genau, aber dass für diese Entwicklung viele sprachliche Anreize in Form von Unterhaltungen, Spielen und Geschichten wichtig sind, leuchtet allen ein.

Sätze-Spiele

Vollständige Sätze sagen können, das ist schon etwas Besonderes und der Eifer der Kinder an dieser Sprachfertigkeit ist groß. Hier ein paar einfache Spiele für die jüngeren Kindergartenkinder, die diese Begeisterung an ersten „langen Sätzen" haben und nach vielen Gelegenheiten Ausschau halten, lustvoll dieses Sätzesprechen anwenden zu können. Die Spiele sind so konzipiert, dass die Kinder nur darüber sprechen, was sie sehen. Für Ausländerkinder mit wenig Deutschkenntnissen sind diese einfachen Spiele zugleich ein Anreiz, mehr Deutsch zu lernen und zu sprechen. Und auch die älteren Kinder, die längst den richtigen Satzbau in ihrer Alltagssprache anwenden, werden mitmachen. Haben sie doch einen großen Vorteil dabei: Ihre Sprachfertigkeit wird von den jüngeren Kindern bewundert.

Herr König, was soll ich tun?

- *Mitspieler:* Kleine Gruppe, Kinder ab 3 Jahren.
- *Material:* Stuhl, Umhang oder Pappkrone.
- *Spielvorbereitung:* Der Stuhl ist der Königsthron, der König schmückt sich mit Krone oder Umhang und setzt sich auf seinen Thron. Der König sind am Anfang Sie, später wird nach jeder Spielrunde ein neuer König durch Abzählen bestimmt.
- *Spieldurchführung:* Die Mitspieler sind die Dienerschaft und stellen sich in einer Reihe vor dem König auf. Der erste Diener fragt: „Herr König, was soll ich tun?" Und der König stellt ihm eine Aufgabe, z.B. „Bring mir einen Ball!" Oder: „Hüpfe auf einem Bein!" Oder: „Spiel mir auf der Triangel etwas vor!" Hat der Diener die Aufgabe ausgeführt, darf er sich hinter den Thron stellen und der nächste Diener ist an der Reihe. So geht es weiter, bis alle Diener zu Diensten waren. Dann wird ein neuer König gewählt.

Wer weiß es?

- *Mitspieler:* Kleine Gruppe, Kinder ab 3 Jahren.
- *Material:* Spielsachen im Raum.
- *Spieldurchführung:* Alle Kinder sitzen zusammen und schauen sich um. Ein Spielleiter, das sind am Anfang Sie und später ein Kind, wählt in Gedanken einen Gegenstand aus, den auch alle anderen sehen können, und fragt dann beispielsweise in die Runde: „Wer sieht den Bagger?" Wer antworten möchte, meldet sich, der Spielleiter bestimmt, wer reden darf. Der Mitspieler zeigt dann in die entsprechende Richtung und antwortet mit einem ganzen Satz, etwa: „Der Bagger ist dort in der Ecke!", oder: „Ich sehe den Bagger auf dem Tisch!" Oder: „Die Jessika spielt mit dem Bagger!" Jeder antwortet, wie er kann und will. Hauptsache, es sind ganze Sätze.

Gespräche und Fragen

Schon das dreijährige Kind ist mit einem reichen Wortschatz ausgestattet, kann Sätze formulieren und erzählen, was es sieht, erlebt hat oder haben möchte. Die Begeisterung an Gesprächen wächst. In dieser Phase kommt es darauf an, welche Erfahrungen das Kind mit seinen ersten Gesprächen macht. Wird es verstanden? Reagieren die anderen? Sprechen sie mit dem Kind? Antworten sie? Stellen sie weitere Fragen, die dann das Kind wieder beantworten kann? Kurzum: Findet eine Unterhaltung und echte Kommunikation statt? Das Kind braucht eine positive Bestätigung für sein Sprachbemühen!

Die neue Selbstständigkeit

Mit drei Jahren hat das Kind die Grundstrukturen seiner Muttersprache erworben, schwierige Artikulationen werden immer besser bewältigt, das Kind spricht in Sätzen und andere verstehen meistens, was es meint und was es will. Jetzt hat auch die Trotz-

Die Sprachentwicklung des Kindes

phase des Kindes begonnen: Es will alles alleine machen und seine Grenzen austesten. Das Kind erlebt sich nun als eigenständige Person, kann Ich-Sätze formulieren und ist in seiner Persönlichkeitsentwicklung weit vorangekommen. Jetzt ist auch das Wissensbedürfnis des Kindes kaum mehr zu bremsen. Es ist neugierig auf alles und will wissen, wie man die vielen kleinen und großen Dinge der Welt nennt, wie sie zusammengehören und warum es sie gibt.

Goldene Regeln für Gespräche mit Kindern

So können Erwachsene die sprachlich-kommunikative Kompetenz eines Kindes fördern.
- Dem Kind zeigen, dass man seine Äußerung versteht, auch wenn seine Mitteilung grammatisch oder semantisch noch unvollkommenen ist.
- Die halben Sätze des Kindes nicht ergänzen und das Kind beim Sprechen nicht unterbrechen, sondern ihm Zeit lassen, seinen Satz selbst zu Ende zu bringen.
- Bleibt der Satz unvollständig, ohne viel Aufhebens den Satz oder die entscheidenden Satzteile wiederholen und – wiederum ohne viel Aufhebens oder gar ausdrückliche Belehrung – unklare Aussagen durch semantisch und grammatisch richtige Formulierungen ersetzen oder ergänzen.
- Das Kind und seine Äußerungen ernst nehmen, darauf reagieren und somit dem Kind eine positive Erfahrung und positive Verstärkung in Kommunikation und Interaktion geben.

Das Fragealter

Die Warum-Frage-Zeit beginnt und stellt für viele Eltern und Erzieher eine Nervenprobe dar – vor allem, wenn ihnen keine Antwort einfällt oder sie wenig Zeit und noch weniger Lust zum Antworten haben. Zunächst fragt das Kind nach den Namen der

Dinge. Doch mit der Zeit werden die Frage differenzierter und Fragepronomen werden eingesetzt wie z. B. warum, wo, woher, wer. Ein großartiges Gefühl für das Kind, das jetzt erlebt, wie seine Sprache ihm helfen kann, die Welt zu verstehen!

Es gibt noch einen zweiten Grund, warum die Kinder jetzt so gerne Warum-Fragen stellen. Das Kind merkt, dass es mit seinen Fragen ein Gespräch beginnen und fortführen kann. Es genießt den Dialog mit anderen und ist begeistert, wenn die anderen sich auf das Gespräch mit ihm einlassen. Es redet gerne über die neu entdeckten Dinge der Welt und findet es aufregend, wenn sein Gesprächspartner ernst bei der Sache ist und die Unterhaltung mit neuen Informationen bereichert. Die Forschung vermutet, dass die Fragen in den meisten Fällen nicht dazu dienen, wirkliches Wissen zu erwerben, sondern dass in der Kommunikation mit anderen, vor allem Erwachsenen, die Sprach- und Sprechkompetenz eingeübt und die grammatischen und syntaktischen Fähigkeiten ausgebaut werden.

Fragespiele und Gesprächsrunden

Fragen stellen, Fragen beantworten, Gespräche führen, Neues erfahren, die Welt wissen ... da sind Kindergartenkinder in ihrem Element und mit Feuereifer bei der Sache. Um diesem Interesse entgegenzukommen, richten manche Kindergärten Gesprächsrunden ein, z. B. der tägliche Stuhlkreis, der Frage-Treff in der Schmuseecke, der Montagskreis oder die Kinderkonferenz. Es gibt viele Möglichkeiten für solche Gesprächsrunden, und diese Möglichkeiten sollten genutzt werden. Wichtig ist, dass die Gesprächrunden regelmäßig sattfinden, am gleichen Ort, zur gleichen Zeit, mit den gleichen Spielregeln für den Gesprächsverlauf.

Die Sprachentwicklung des Kindes

 Welt-Erfinder Spiel

Ein Fantasiespiel für Kinder, denen das Fragen und Antworten Spaß macht.
- *Mitspieler:* Kleine Gruppe, Kinder ab 5 Jahren.
- *Spielvorbereitung:* Alle sitzen im Kreis.
- *Spielregel:* Ein Kind stellt eine Frage, wer will, darf antworten. Auch mehrere Kinder können eine Antwort geben.
- *Spieldurchführung:* Anfangs sind Sie Spielleiter, doch wenn die Kinder die Fragetechnik verstanden haben und wissen, wie das Spiel weitergehen soll, können Kinder die Spielleiterrolle übernehmen.

Hier ein Beispiel einer Frage und die Welt-Erfinder-Antworten der Kinder.
Frage: „Warum scheint der Mond?"
Antworten: „Weil es Nacht ist und wir sonst nichts sehen!"
„Weil es der liebe Gott so gemacht hat!"
„Weil der Mann im Mond den Mond angezündet hat, das macht er jeden Abend!"
„Weil die Sonne den Mond anstrahlt und der Mond ein Spiegel ist und alles auf die Erde spiegelt!"
Meistens wollen die Kinder zum Schluss die „richtige" Antwort hören. Dann sind Sie an der Reihe und können den Kindern den tatsächlichen Sachverhalt erklären.

 Das Dingsbums

Ein bekanntes Spiel, das nicht nur im Fernsehen gespielt werden kann, sondern auch im Kindergarten mit etwas abgeänderten Spielregeln.
Hier eine einfache Version, die viele Spielvarianten zulässt, sobald die Kinder ein paar Spielrunden gespielt und die Sprach- bzw. Spielregeln durchschaut haben.

- *Mitspieler:* Kleine Gruppe, Kinder ab 5 Jahren, jüngere Kinder als Zuhörer.
- *Material:* Verschiedene Gegenstände, das können Spielsachen sein, auch kleinere Küchengeräte oder Handwerkszeug, einfache Elektrogeräte oder Bastelsachen.
- *Spielvorbereitung:* Die Kinder sitzen im Kreis, ein paar Gegenstände liegen in der Kreismitte. Jeder kann jeden und auch die Gegenstände sehen.
- *Spieldurchführung:* Ein Kind wählt in Gedanken einen Gegenstand aus der Mitte aus und beschreibt mit seinen Worten dieses Dingsbums. Es darf auf keinen Fall den Namen oder Begriff des Gegenstandes nennen, kann aber stattdessen „Dingsbums" sagen. Die anderen Kinder hören zu und raten, worum es sich bei diesem Dingsbums handeln könnte. Wer zuerst erkennt, um welches Dingsbums es geht, und weiß, wie dieses Ding in Wirklichkeit heißt, ruft den Namen oder Begriff laut aus. Richtig geraten? Dann ist er als Nächster dran.

Die Sprachentwicklung des Kindes

Regeln für den richtigen Umgang mit Kinderfragen

- Nehmen Sie jede Frage des Kindes ernst.
- Antworten Sie ehrlich und so, dass das Kind sie verstehen kann.
- Gestehen Sie, wenn Sie etwas nicht wissen, zeigen Sie dann dem Kind, wo bzw. wie Sie sich Informationen beschaffen, z. B. im Lexikon, im Internet oder mit einem Telefongespräch mit jemandem, der Bescheid weiß.
- Wenn Sie keine Lust oder Zeit für eine Antwort haben, sagen Sie es dem Kind und machen einen neuen Zeitpunkt für das Gespräch aus.
- Hören Sie bei der Frage des Kindes genau hin und beantworten Sie ausschließlich nur die Frage.
- Beantworten Sie die Frage nicht zu weitschweifend. Das Kind gibt Ihnen schon zu verstehen, wenn es mit der Antwort nicht zufrieden ist.
- Wenn Sie den Sinn einer Kinderfrage nicht verstehen, fragen Sie das Kind nach seiner eigenen Erklärung – und Sie kommen dem Sinn der Frage auf die Spur.

 ### Singular und Plural

Mit etwa drei bis vier Jahren sind Kinder in der Lage, zwischen Singular und Plural zu unterscheiden und versuchen auch, diese Kenntnisse in ihren Gesprächen wiederzugeben. Doch da fehlen manchmal die Pluralworte und werden durch fantasievolle Formen ersetzt. Deshalb dieses Spiel, um viele Beispiele anzubieten, zum Hören und Sprechen, zum Erfahren und Lernen.
Es ist ein Lern-Spiel für die Großen und Kleinen und auch für die ausländischen Kinder.

- *Mitspieler:* Kleine Gruppe, Kinder ab 3 Jahren.
- *Material:* Wahlweise Karten der Spiele Memory oder Schnipp-Schnapp oder Kinderquartett.

- **Spielvorbereitung:** Wer mitspielt, setzt sich an den Tisch. Die Spielkarten werden umgedreht auf dem Tisch ausgelegt.
- **Spieldurchführung:** Gespielt wird nach den Regeln des Memory-Spiels, allerdings wird das Spiel mit Worten begleitet. Wer also eine Karte umdreht, sagt laut, was darauf zu sehen ist, z. B. „Das ist ein Apfel!" Findet ein Kind das Kartenpaar, legt es sie nebeneinander und sagt laut „Das sind zwei Äpfel!" Er könnte auch sagen: „Hier sind die beiden Äpfel!" Oder: „Hier sind die Karten mit den Äpfeln!" Es kommt nur darauf an, dass das Kind das Singularwort und dann das Pluralwort der abgebildeten Dinge verwendet. Danach darf es, wie beim Memory-Spiel, das Kartenpaar behalten.

Die weitere Entwicklung

Ab dem vierten Lebensjahr kennt ein Kind viele Worte und hat sich schon eine Menge Weltwissen angeeignet, aber die Entwicklung seines Sprachvermögens ist noch lange nicht abgeschlossen. Einerseits verfügt das Kind über einen großen Wortschatz und beherrscht die Grundregeln der Grammatik, andererseits reicht dieses Sprachvermögen noch nicht aus, um genauere Aussagen über Erlebnisse und Erfahrungen, Einsichten und Erkenntnisse, Gedanken und Gefühle machen zu können. Kinder erwerben in der Folgezeit neben einem sich stetig erweiternden Wortschatz ein grammatisches Sprachvermögen, um Ereignisse in Vergangenheit und Zukunft oder eine Ursache und ihre Wirkung unabhängig von Ort und Zeit differenziert mitteilen zu können. Dafür stellt die Sprache beispielsweise Konjunktionen, Nebensätze und das Passiv zur Verfügung.

Zweisprachigkeit und Dialekt

Von Geburt an gleich zwei Sprachen lernen, quasi wie von selbst nach dem Plan des genetischen Sprachprogramms, das klingt verlockend einfach. Manche Kinder haben diese Chance. Doch funktioniert ein so genannter Doppelspracherwerb nur dann wirklich gut, wenn sich die sprachlichen Vorbilder konsequent an folgende Regel halten: Eine Person – eine Sprache! Das heißt, ein Elternteil, die Großeltern oder andere Familienmitglieder dürfen mit dem kleinen Kind immer nur in einer Sprache sprechen, ihrer Muttersprache, sie sollten nicht ab und zu die Sprache wechseln und auch keine Ausdrücke aus der anderen Sprache verwenden. Sonst lernt das Kind ein Sprachgemisch, das auch doppelte Halbsprachigkeit genannt wird. Dann besteht die Gefahr, dass es in keiner der beiden Sprachen richtig heimisch wird, unbemerkt Ausdrücke verwechselt und so eher in ein Sprachdurcheinander schlittert als eine größere Kompetenz zu erwerben.

Neuere Forschungen zeigen, dass die zweisprachige Sprachkompetenz sich am besten entwickeln kann, wenn die unterschiedlichen Sprachen in verschiedenen Lebens- bzw. Erfahrungswelten gelernt werden. So schient es etwa optimal zu sein, wenn zu Hause durchgehend eine andere Sprache gesprochen wird als im Kindergarten. Ähnliche Erlebnisse und Emotionen werden so mit unterschiedlichen Sprachmustern und Ausdrücken belegt.

Welche Sprache soll's denn sein?

Es gibt drei typische Fragen, die viele Erzieherinnen beschäftigen, wenn ausländische Kinder in ihrer Gruppe sind.
1. Sollen die Kinder nur deutsch reden? Antwort: Nein.
2. Dürfen sich die Kinder untereinander in ihrer Muttersprache unterhalten? Antwort: Ja.

3. Sollen die ausländischen Eltern, die nur unzureichend deutsch sprechen, mit ihren Kindern deutsch reden?
Antwort: Nein.
Hier die Begründung: Wenn die Kinder im Kindergarten ihre Muttersprache nicht sprechen dürfen, hat das einen abwertenden Beigeschmack. Die Kinder meinen, ihre Muttersprache sei weniger wert, und sie genieren sich dann, wenn ihre Eltern in der Öffentlichkeit diese „verbotene" Fremdsprache sprechen. Wenn Eltern andererseits in nur sehr schlechtem Deutsch mit ihren Kinder sprechen, können sie weder ein gutes sprachliches Vorbild sein, noch die Kommunikation und emotionale Bindung zum Kind stärken.
Lernen die Kinder jedoch in ihren Familien komplett ihre Muttersprache mit all den Besonderheiten, die eine Sprache auf der verbalen und nonverbalen Kommunikationsebene zu bieten hat, dann ist das Kind sprachlich bestens ausgestattet und für das Lernen der deutschen Sprache hervorragend vorbereitet. Es wird im Kindergarten seine zweite Sprache schnell und unkompliziert lernen, weil die Grundinformationen der Sprache bereits im Gehirn gespeichert sind. Das Kind lernt die deutsche Sprache im normalen Kindergartenalltag, z. B. beim Spielen mit den deutschsprachigen Kindern oder im Gespräch mit den Erzieherinnen.

Fremdsprachen-Kindergarten

Viele Eltern wollen die Zeit nutzen, während der ihr Kind die Sprache besonders leicht lernt. Tatsächlich ist das Zeitfenster für den Spracherwerb in den ersten Lebensjahren weit geöffnet und spätestens nach der Grundschulzeit fällt es Kindern deutlich schwerer, eine weitere Sprache dazuzulernen, als im Kindergarten- oder frühen Grundschulalter. Kindergärten, in denen Englisch, Französisch oder eine andere Fremdsprache gesprochen wird, eignen sich also gut für den Zweitspracherwerb.

Doch auch hier gilt die Regel, dass der Erwachsene konsequent in seiner Sprache spricht. Es hat keinen Sinn, nur wenige Stunden pro Woche den Kindergartenalltag fremdsprachig zu gestalten, vor allem dann nicht, wenn die Erzieherinnen sich in einer anderen als ihrer Muttersprache versuchen.

Dialekt und Hochsprache

Wenn die Eltern eines Kindes im Dialekt reden, dann ist für diese Kinder Hochdeutsch die erste Fremdsprache, die sie lernen müssen. Und es gelten die gleichen Spiel- und Sprachregeln, wie oben unter dem Thema Zweisprachigkeit beschrieben. Viele Erzieherinnen sprechen fließend hochdeutsch, viele sprechen fließend Dialekt. Es heißt zwar, die Erzieherinnen sollen sich bemühen, mit den Kindern hochdeutsch zu sprechen, doch hat diese Regelung wenig Sinn, wenn die Erzieherin selber nur unzureichend Hochdeutsch spricht. Dann entsteht manchmal ein buntes Sprachengemisch und die Erzieherin gibt alles andere als ein gutes Vorbild für die hochdeutsche Sprache ab. Das verunsichert die Kinder, und ganz bestimmt verunsichert es auch die Erzieherin, weil sie selber weiß, wie holperig ihr Hochdeutsch klingt. Zudem ist die emotionale Beziehung zwischen Kind und Erzieherin belastet, weil die verbale Kommunikation nicht glaubhaft ist. Unter diesem Aspekt sollte eine Erzieherin, die als Muttersprache einen Dialekt spricht, selbst entscheiden, in welcher Sprache sie mit den Kindern kommunizieren will. Sie sollte vor allem nachspüren, ob bei ihrem Hochdeutsch ihr Tonfall, ihre Stimme, ihre Laute und ihre Wortwahl bei den Kindern überzeugend und ehrlich wirkt.

■ Fremdsprachen-Spiele

Wenn in Ihrer Kindergruppe die Kinder Dialekte und/oder Fremdsprachen sprechen, dann könnten Sie mit Spielen die Kinder auf diese Sprachvielfalt aufmerksam machen und Interesse und Neugierde gegenüber anderen Sprachen wecken. Dabei geht es nicht um das perfekte Nachsprechen der fremdsprachigen Ausdrücke, sondern um den Spaß miteinander, hinter dem ein ernstes Erziehungsziel steckt: die positive Wertschätzung einer ausländischen Sprache oder des Dialekts, verbunden mit der Akzeptanz und Toleranz gegenüber den Kindern, die andere Sprachen sprechen.

Ich sage „Grüß Gott!"

In Süddeutschland grüßen sich die Leute nicht nur in der Kirche, sondern auch auf der Straße mit „Grüß Gott!" In Norddeutschland gibt es eine Gegend, in der man sich von morgens bis abends den Gruß „Moin, moin!" zuruft. Die meisten Leute allerdings wünschen sich bei einer Begegnung einen „Guten Tag!" oder finden ein kurzes „Hallo!" passend.
Und wie begrüßt man sich zu Hause bei den Kindern? Fragen Sie danach. Je mehr Begrüßungs-Formeln zusammenkommen, desto besser.
- *Mitspieler:* Kleine oder große Gruppe, Kinder ab 4 Jahren.
- *Spielvorbereitung:* Alle Mitspieler sitzen so, dass jeder jeden sehen und hören kann.
- *Spieldurchführung:* Ein Kind sagt in seiner Muttersprache oder im Dialekt, wie es zu Hause die anderen begrüßt. Die Mitspieler versuchen, diese Begrüßungsworte nachzusprechen. Das Kind wird genau zuhören, ob die anderen alles richtig aussprechen. Es darf korrigiert und geübt werden, bis der kleine Sprachlehrer zufrieden ist.

Die Sprachentwicklung des Kindes

 Wie sagst du dazu?

Im Kindergartenalltag gibt es viele Situationen, die zu diesem Fremdsprachen-Spiel überleiten können. Ein Beispiel: Die Kinder sitzen beim zweiten Frühstück und ein Korb mit Brötchen steht auf dem Tisch. Heißen diese Backwaren nun Brötchen oder Schrippe oder Weckle, Kipfl, Rundstück, Semmel, Weggli, oder vielleicht sogar panino oder bocadillo? Das kommt ganz darauf an, wie man es gelernt hat – und das erzählen sich die Kinder, einer nach dem andern, während sie herzhaft in ihre Brötchen beißen.

Sind die Kinder erst mal auf den Geschmack gekommen, dann könnte beim nächsten Mal verglichen werden, welche unterschiedlichen Bezeichnungen es zu Kakao, einem Apfel, einer Tasse, einem Löffel usw. gibt.

- *Mitspieler:* Große oder kleine Gruppe, Kinder ab 3 Jahren.
- *Spielregel:* Ein Kind sagt das Wort in seiner Muttersprache oder im Dialekt, die anderen hören genau zu und sprechen es nach.

Nonverbale Kommunikation

Die „Begleitmusik" der Sprache

Nonverbale Kommunikation ist eine Mitteilung ohne Worte, eine Botschaft also, die gesprochene Sprache ergänzt oder ersetzt. Dabei erfährt derjenige, der diese nichtsprachlichen Aussagen beachtet, mehr, als mit vielen Worten beschrieben werden könnte. Statistisch ausgedrückt: Wenn wir jemandem zuhören, achten wir zu etwa 20% auf die Worte und zu 80% auf die begleitenden, nonverbalen Botschaften. Die nonverbale Kommunikation ist also ein äußerst umfangreiches Informationssystem und besteht im einzelnen aus visuellen, akustischen, taktilen und auch olfaktorischen Zeichen und Signalen. Diese Mitteilungen werden meistens unbewusst vermittelt und genauso unbewusst wahrgenommen. Doch sie beeinflussen unser Verhalten, unsere Reaktionen und Gefühle stärker als die Botschaft der bloßen Worte.

Es ist sinnvoll, Kindern diese unbewussten Sinneseindrücke und Kommunikationsmittel klar zu machen. Die Informationen, die neben den Wortbedeutungen jedes Sprechen begleiten, gilt es zu erkennen und zu deuten, damit man angemessen reagieren kann. Auch diese Fertigkeit eignen sich Kinder während des Spracherwerbs Stück für Stück an.

Eine Sprache für alle Sinne

Man kann sagen, dass die nonverbale Kommunikation eine Sprache für alle Sinne ist, denn mit dem Sehen, Hören, Tasten und Riechen nehmen wir diese nichtsprachlichen Mitteilungen des anderen wahr. Wir schauen in sein Gesicht um abzuschätzen, wie ernst er es meint, und wir hören in der ängstlichen oder engagierten Tonlage der Stimme die Empfindungen heraus. Wir spüren und bewerten einen kräftigen oder sehr weichen Händedruck, und wenn wir jemanden „nicht riechen" können, so hat das seinen Grund und seine Auswirkungen auf die Kommunikation und Interaktion.

Schon in den ersten Lebensmonaten kann der Säugling mit seiner Körpersprache zum Ausdruck bringen, was ihm gefällt und nicht gefällt. Die Mutter und andere Bezugspersonen reagieren darauf, freuen sich, wenn das Kind begeistert zappelt, oder sind besorgt, wenn sich das Kind wegdreht, sich verkrampft oder ausdrucksvoll die Unterlippe vorschiebt. Die Erwachsenen wissen diese Signale zu deuten, und das Kind lernt, dass andere auf diese Körperzeichen reagieren.

Auch die akustische Kommunikation jenseits von Wörtern mit Bedeutung kommt schon von Anfang an vor, wenn der Säugling sein Schreien oder seine Lall- und Brabbel-Laute in unterschiedlichen Tonhöhen, Intensitäten und Betonungen variiert. So tritt das Kind in Kommunikation mit der Umwelt, und die anderen bestätigen den Empfang dieser Information mit ihren Reaktionen. Andererseits reagiert es auch selbst auf ein Lächeln im Gesicht der Mutter, auf besänftigendes Hin- und Herwiegen, auf ein zärtliches Streicheln oder einen beruhigenden Ton in der Stimme der Erwachsenen.

Das Repertoire der nonverbalen Kommunikation des Kindes erweitert sich schnell. Immer gezielter setzt das Kind angeborene und erlernte nonverbale Kommunikationsmittel ein: Körperhaltung, Mimik, Gestik und Intonation. Aus diesen ersten und allen weiteren nonverbalen Kommunikationserfahrungen entwickeln sich Verhaltensmuster, die den Menschen sein Leben lang prägen.

Kommunikationsstörungen

Die Sinneswahrnehmung, die für die nonverbale Kommunikation entscheidend ist, kann bei Kindern gestört oder nicht ausreichend entwickelt sein, z. B. weil die Umgebung des Kindes auf dessen nichtsprachliche Signale nicht erkennbar reagierte oder weil körperliche Defizite vorliegen. Diese Kinder sind aufgrund ausbleibender oder mangelhafter Erfahrung nicht oder nur bedingt in der Lage, die nonverbalen Signale der anderen zu erkennen und zu verstehen. Ebenso werden ihre nonverbalen Signale oft missverstanden oder gar nicht verstanden. Eine Interaktion mit diesen Kindern ist sehr schwierig, manchmal sogar unmöglich.

Es gibt auch ein Zuviel an nonverbaler Kommunikation, das einen Säugling oder ein Kleinkind überfordert. Als Schutz vor dieser Überstimulierung entwickelt das Kind Abwehrmechanismen, macht „dicht", reagiert nicht mehr und versperrt jeden Zugang zu seinen Kommunikationskanälen. Eine unglückliche Situation, weil dem Kind dadurch die Möglichkeit genommen wird, Erfahrungen im nonverbalen Kommunikationssystem zu sammeln, was sich auch auf der verbalen Ebene auswirkt. Der erste Schritt, solchen Kindern zu helfen, ist, ihnen Zeit und Ruhe zu lassen, sich von dieser Überstimulierung zu erholen, sie Vertrauen, Akzeptanz und Zuneigung spüren zu lassen und ihr Selbstwertgefühl zu fördern.

Die nonverbalen Informationssysteme

- Die visuelle Kommunikation: Die Bewegungen des Körpers, die Gestik und Mimik sind Nachrichten, die wir verstehen, ohne ein Wort zu hören. Dazu gehört etwa ein beschwingter Schritt, ein schmunzelnder Mund oder ein Kopfschütteln.
- Die akustische Kommunikation: Die Modulation der Stimme, also Klangfarbe, Lautstärke, Artikulation und Stimmlage, geben Auskunft darüber, wie sich der Sprecher fühlt und wie er zu dem steht, was er sagt.
- Die taktile Kommunikation: Sie wird auch haptische Kommunikation genannt. Schon ein Händedruck, ein Schulterklopfen oder ein Umarmen gibt darüber Auskunft, wie gut sich zwei verstehen.
- Die olfaktorische Kommunikation: Unsere komplexen Sympathie- und Antipathie-Gefühle werden auch vom Geruchssinn gesteuert.
- Die symbolische Kommunikation: Das ist ein Sonderfall der visuellen Kommunikation, es sind Zeichensymbole, Zahlensymbole oder besondere Schriftzeichen.

Mit Spielen kann man Kindern die nonverbale Kommunikation zeigen, ihnen die Aussagen und Wirkungen bewusst machen, ohne ihnen viel dazu erklären zu müssen. Das im Spiel Erlebte kommt „zur Sprache", wenn Sie mit den Kindern darüber reden. Dabei ist es sinnvoll,
- das zu bestätigen, was die Kinder intuitiv wahrnehmen,
- den Kindern Wortbeispiele zu geben, damit sie das, was sie spüren, sprachlich ausdrücken können,
- die Aufmerksamkeit der Kinder gegenüber diesen nonverbalen Informationen zu fördern,
- Störungen im Austausch nonverbaler Informationssignale aufzufangen und auszugleichen.

Visuelle Kommunikation

Die Körpersprache mit Körperhaltung, Bewegungen der Arme und Hände, Regungen des Gesichtes und Bewegungen des Kopfes ist Hauptbestandteil der visuellen Kommunikation. Beim neugeborenen Kind sind die Sinneswahrnehmungen für das Hören, Fühlen und Riechen schon recht gut ausgebildet, aber die Leistungen des Sehsinns lassen noch zu wünschen übrig. Das Kind kann in den ersten Lebenswochen nur Dinge im Abstand bis ca. 20 cm erkennen, alles andere erscheint ihm schemenhaft und vor allem als Hell-dunkel-Kontrast. Das Repertoire der visuellen Kommunikation entwickelt sich schnell und der Säugling setzt seine Körpersprache für seine Mitteilungen schon bald immer gekonnter ein. Zunächst ist es ein reflexartiges Reagieren, ein spontanes Zappeln, Kopfwegdrehen, Mundverziehen oder Lächeln. Mit den Monaten werden diese körpersprachlichen Signale ausgeprägter und differenzierter.

Individuelle Ausprägungen

Über die frühe Kindheit bis ins Erwachsenenalter hinein werden die nonverbalen Signale immer charakteristischer für eine Person, die sie bewusst, meist aber unbewusst einsetzt. Dabei gibt es ein großes Repertoire an leicht verständlichen Signalen, manche jedoch sind in ihrer genauen Bedeutung nicht so leicht erkennbar.

Wer die Körpersprache beachtet und die Signale des anderen „übersetzen" kann, wird es bei der verbalen Kommunikation viel leichter haben. Deshalb ist es sinnvoll, mit den Kindern diese Informationen der Körpersprache zu entschlüsseln, sie ihnen bewusst zu machen und darüber zu reden.

Gestik

Das ist die Körperhaltung, vor allem aber die Haltung und Bewegung des Kopfes, der Arme und der Hände. Ein beschwingter Gang zeigt gute Laune, hochgezogene Schultern verraten Angst, verschränkte Arme Zurückhaltung oder Skepsis. Mit dem Kopf nicken signalisiert Zustimmung, den Kopf hin und her drehen hingegen Ablehnung. Wie praktisch, dass diese Gestik alle Menschen verstehen, rund um die Welt, unabhängig davon, welche Sprache sie sprechen. Es gibt dabei aber Ausnahmen: In Griechenland, Bulgarien und einigen indischen Völkern wird Zustimmung mit einem langsamen Hin- und Herwiegen des Kopfes signalisiert. Eine Bewegung, die in unserem Kulturkreis Menschen machen, wenn sie etwas nicht so recht wissen. Das Neinsagen hingegen wird mit dem Zurückwerfen des Kopfes angezeigt, was uns wie ein zustimmendes Nicken vorkommt! Auch unsere Hände können sprechen. Bei manchen Menschen sind sie beim Reden ständig in Bewegung, andere unterstreichen wichtige Passagen ihrer Rede mit den Händen. Unsere Hände zeigen, wovon wir reden, sie verraten, welche Einstellung wir zu dem haben, was wir gerade sagen, und sie bekräftigen eine Behauptung oder schwächen eine Aussage ab.

Spiegel-Spiel

Hier lernen die Kinder durch Nachahmung die Körperhaltung und Bewegungen des anderen genau zu beobachten.
- *Mitspieler:* Kleine Gruppe, Kinder ab 4 Jahren
- *Spielvorbereitung:* Immer zwei Kinder stehen sich gegenüber.
- *Spielregel:* Ein Kind ist der Spiegel, das andere stellt sich davor und macht komische Bewegungen, gerade so, wie es ihm einfällt. Der Spiegel muss alles nachmachen. Hat einer genug vom Spiegel-Spiel, klatscht er in die Hände und die Rollen werden getauscht.

Wandernde Gefühle

Die Gangart verrät viel von der Stimmung eines Menschen und kann auch Auskunft über sein Wohlbefinden geben. Das probieren die Kinder bei diesen Pantomimespielen selbst aus. Am Anfang sollten Sie als Spielleiter agieren und den Kindern kleine Szenen beschreiben, zu denen einfache und typische Bewegungen passen. Später sagen Sie nur noch die Stimmung oder ein Gefühl. Auch ein Kind kann Spielleiter sein.
- *Mitspieler:* Kleine oder große Gruppe, Kinder ab 5 Jahren.
- *Spielvorbereitung:* Alle Kinder stehen im Raum verteilt.
- *Spieldurchführung:* Der Spielleiter beschreibt ein Gefühl, die Kinder gehen los und spielen mit ihrer Körperhaltung und ihrem Gang diese Stimmung, beispielsweise:
- vergnügt: (Spielszene: Ich gehe und kaufe mir ein Eis!)
- zornig (Spielszene: Die anderen lassen mich nicht mitspielen, jetzt gehe ich weg.)
- stolz: (Spielszene: Ich habe beim Memory-Spiel gewonnen.)
- ängstlich: (Spielszene: Vor mir stehen große Jungs und ich weiß nicht, was sie vorhaben!)
- mutig:(Gleiche Spielszene, aber ich habe keine Angst. Was ist anders?)
- *Spielvariante:* Einer denkt sich ein Gefühl aus, spielt es vor, die anderen beschreiben, was sie sehen, und raten, wie es heißt.

Nur mit dem Kopf antworten

- *Mitspieler:* Kleine Gruppe, Kinder ab 3 Jahren.
- *Spielvorbereitung:* Wer mitspielen will, setzt sich in den Kreis.
- *Spielregel:* Ein Kind steht im Kreis, denkt sich einen Gegenstand aus, die anderen müssen mit ihren Fragen herausbekommen, was es ist. Allerdings darf immer nur mit Kopfnicken oder Kopfschütteln geantwortet werden. Der Reihe nach wird gefragt, wer die Lösung herausbekommt, ist als Nächster dran.
- *Spieldurchführung:* Damit das Fragespiel nicht zu schwierig wird, wird anfangs etwas verraten, z. B.: Es ist ...
- ein Kleidungsstück eines Mitspielers.
- ein Spielzeug.
- rot.
- mein Lieblingsessen.

Wahr oder nicht wahr?

Manchmal widersprechen die Handbewegungen dem gesprochenen Wort. Das verwirrt den Zuhörer - oder besser gesagt den Zuschauer. Da kann z. B. jemand behaupten: „Ja, das ist richtig!" und dabei mit einer abwinkenden Handbewegung das Gegenteil zum Ausdruck bringen. Was stimmt nun? Die Worte oder die Handzeichen? Die Antwort: Eine unbewusste und unkontrollierte Körpersprache sagt immer die Wahrheit!
Doch so verhalten sich nur die Erwachsenen; Kindern sieht man an, wenn sie flunkern, ihre Worte und ihre Gestik sind identisch.

Was mache ich?

Bei diesem Spiel konzentrieren sich die Kinder nur auf die Hände, schauen genau zu, versuchen die Bedeutung der Bewegungen zu entschlüsseln und ahmen sie nach. Nach dem Spiel darf wieder gesprochen werden, was wer gesehen und verstanden hat.
- *Mitspieler:* Kleine Gruppe, Kinder ab 4 Jahren.
- *Spielvorbereitung:* Alle sitzen im Halbkreis, um den Akteur gut sehen zu können.
- *Spieldurchführung:* Ein Akteur spielt pantomimisch etwas vor, also ohne Worte und ohne Gegenstände. Die anderen schauen zu und raten, was er macht. Wer es errät, steht auf und spielt mit oder macht es nach. Wenn alle das Pantomimespiel verstanden haben und mitspielen, ist das Spiel zu Ende. Wer will, beschreibt, was er gesehen und mitgespielt hat.

Beispiele für Spielszenen:
– Ein Bild malen.
– Mit Bauklötzen einen Turm bauen.
– Spaghetti essen.
– Kassettenrekorder einschalten und Musik hören.
– Bilderbuch auswählen und anschauen.

 Hand- und Fingerzeichen

Ein wichtiges Spiel für Kinder aus fremden Kulturen. Sie lernen Handzeichen, die sie noch gar nicht kennen, hören die Worte dazu und werden vielleicht von Handzeichen erzählen, die sie von ihren Familien her kennen.
- *Mitspieler:* Große oder kleine Gruppe, Kinder ab 5 Jahren.
- *Spielvorbereitung:* Alle sitzen so, dass sich alle gut sehen können.
- *Spielregel:* Ein Kind spielt etwas vor, die anderen schauen zu und sagen, wie sie dieses Zeichen verstehen.

- **Spieldurchführung:** Hier einige Beispiele, die Sie den Kindern vorspielen oder einem Kind als Spielidee zuflüstern können.
Beispiele für Fingerzeichen:
  - Erhobener Zeigefinger = Aufgepasst!
  - Mit dem erhobenen Zeigefinger hin und her wackeln = Nein!
  - Eine Faust machen, Zeigefinger ausstrecken und abwechselnd krümmen und strecken = Komm mal her!
  - Mit dem Zeigefinger auf eine Stelle zeigen = Schau mal dahin!
Beispiele für Handzeichen:
  - Winken = verabschieden.
  - Geballte Faust = drohen.
  - Eine hochgehaltene flache Hand = Stop! Anhalten!

Über die Straße

- **Mitspieler:** Jeweils zwei Spieler spielen den anderen etwas vor, Kinder ab 5 Jahren.
- **Material:** Kreide, eine rote, gelbe und grüne Scheibe, selbst gebastelt aus Karton.
- **Spielvorbereitung:** Sie zeichnen mit Kreide zwei Linien auf den Boden, das ist die Straße. Die Pappscheiben sind die Signale der Fußgängerampel mit diesen Aussagen: rot = stehen bleiben und das Spiel beginnt!, gelb = Achtung und mit dem Spiel zum Schluss kommen!, und grün = gehen! Das Spiel ist jetzt zu Ende!
- **Spielszene:** Bevor das Spiel beginnt, beschreiben Sie diese Rahmengeschichte: Zwei Kinder stehen an einer Fußgängerampel, jedes auf einer anderen Straßenseite, die Ampel zeigt rot (rote Pappscheibe). Die Kinder wollen sich etwas sagen, aber der Straßenlärm ist so laut, dass keiner den andern versteht. Deshalb unterhalten sich die beiden pantomimisch, und was sie sich sagen wollen, das wird in jeder Spielrunde etwas anderes sein. Zeigt die Ampel gelb (gelbe Pappscheibe),

bedeutet das, zum Abschluss des Spiels zu kommen, zeigt die
Ampel grün (grüne Pappscheibe), überquert einer der beiden
Spieler die Straße, beide ziehen ab und das Spiel ist zu Ende.

- *Spielregel:* Die beiden Spieler besprechen ihre Spielszene
  und wer am Schluss zum andern über die Straße geht.

Das z. B. könnte einer dem anderen mitteilen:
- Ich möchte zum Fußballtraining gehen, kommt du mit?
- Ich muss zum Zahnarzt, gehst du mit?
- Mit ist nicht gut, ich will nach Hause, gehst du mit, dann
  können wir Fernsehen.
- Ich bin auf dem Weg zum Flötenunterricht. Hab keine Zeit!

Mimik

Mimik ist der Gesichtsausdruck, der die Gefühle, Gedanken und
Wahrnehmungen des Menschen widerspiegelt. Mit einer Vielzahl
von Muskeln können Menschen ihre Gesichtspartien verändern,
die Stirn runzeln, Mundwinkel nach oben oder unten ziehen,
die Augen zu verengen und vieles mehr. Die Mimik spielt eine
große Rolle bei der nonverbalen Kommunikation. Wir können in
einem Gesicht vieles „ablesen", wir sehen z. B. ob der Sprecher
davon überzeugt ist, was er meint, ob er sich darüber ärgert
oder freut, ob er begeistert oder unsicher ist. Wir erkennen
Aufmunterung oder Kritik mit einem kurzen Blick auf den
Gesichtsausdruck.
Das mimische Verhalten ist an stammesgeschichtlich alte Teile
unseres Gehirns gebunden, Stammhirn und limbisches System.
Alle Menschen sind genetisch damit ausgestattet. Auch blind
und taubblind geborene Kinder zeigen ein eindeutig verständli-
ches Mienenspiel, obgleich sie nie eine Mimik gesehen haben.
Durch kulturvergleichende Studien fanden die Wissenschaftler
heraus, dass alle Menschen in bestimmten Situationen einen
ähnlichen Gesichtsausdruck zeigen. Das trifft auf Grundgefühle
zu wie Freude, Lachen, Trauer, Wut, Ekel, Überraschung, Angst.

Ein selbstverständliches Kommunikationsmittel

Kinder beachten das Mienenspiel der anderen. Sie kennen den Gesichtsausdruck, der z. B. aussagt: „Du nervst mich!", „ich verstehe dich nicht" oder „das hast du gut gemacht!" Kinder setzen auch selbst gezielt und gekonnt ihre Mimik für bestimmte Mitteilungen ein, etwa wenn sie beleidigt sind, sich ärgern oder enttäuscht sind.
Kinder mit wenig ausgeprägter Körpersprache haben Schwierigkeiten in ihrer nonverbalen Kommunikation. Ihre stummen Botschaften in Mimik und Gestik werden oft nicht erkannt oder nicht verstanden. Sie selbst bemerken oder verstehen auch die Körpersignale der anderen nicht oder interpretieren sie falsch. Diese Störungen können mit einfachen, aber wirkungsvollen Spielen aufgefangen werden, bei denen die Kinder verschiedene Gesichtsausdrücke beachten, beobachten, nachmachen und über deren Bedeutung reden. Für diese Kinder sind die nachfolgenden Spiele wichtige Lernspiele – für die anderen Kinder ist es einfach ein lustiger Spielspaß.

Fernseh-Sendung

- *Mitspieler:* Große oder kleine Gruppe, Kinder ab 5 Jahren.
- *Material:* Großer Verpackungskarton, Bastelutensilien.
- *Spielvorbereitung:* Ein Karton stellt den Fernsehapparat dar. Er kann noch bemalt oder beklebt werden. Der Fernseher wird auf den Boden gestellt, davor werden Sitzkissen verteilt.
- *Spieldurchführung:* Zwei oder mehr Spieler sitzen vor dem Fernseher, besprechen leise, welchen Film sie anschauen werden, schalten den Fernseher ein und spielen pantomimisch vor, wie es ihnen jetzt als Zuschauer ergeht. Dabei soll vor allem mit der Mimik gearbeitet werden. Ist die Sendung spannend, macht sie Angst, ist sie unglaublich oder langweilig oder aufregend oder traurig oder total witzig? Das wird das Spiel zeigen.

Die Zuschauer dürfen reden, tauschen ihre Beobachtungen aus und raten, was für eine Sendung es sein könnte.

Das z. B. könnten die fiktiven Spielfilme sein:
- aufregende Abenteuergeschichte,
- langweilige Landschaftsbeschreibung,
- komische Quatschgeschichte,
- ekelhafte Bilder,
- Gespenstergeschichte,
- traurige Ereignisse.

 Was ist passiert?

- *Mitspieler:* Kleine Gruppe, Kinder ab 4 Jahren,
- *Material:* Zeitschriften oder Werbematerial, Scheren, Karton in Spielkartengröße zurechtgeschnitten, Klebstoff.
- *Spielvorbereitung:* Die Kinder schneiden aus Zeitschriften oder Prospekten viele Gesichter aus, lachende, weinende, grinsende, glückliche, traurige, schmunzelnde, ängstliche, stolze, angestrengte, müde, tapfere, aufmerksame, gelangweilte, freudestrahlende Gesichter, Gesichter von Kindern,

Erwachsenen, Babys, alten Menschen, Menschen aus anderen Ländern und Kulturen. Die Gesichter werden auf die Karten geklebt.

● *Spieldurchführung:* Alle Karten liegen auf einem Stapel oder bunt durcheinander in einer Schachtel. Sie sind Spielleiter, nehmen eine oder mehr Karten und legen diese auf den Tisch. Dann stellen Sie die Aufgabe und ein Mitspieler erzählt, was ihm dazu einfällt. Wollen mehrere Kinder etwas dazu sagen, kommen alle der Reihe nach dran.

● *Spielregel:* Bevor ein Kind etwas zu den Spielkarten sagt, muss es die Mimik nachahmen, die auf der Karte zu sehen ist. So nehmen die Kinder die Verknüpfung von Mimik, Gefühlen, Ereignissen und Worten bewusst wahr. Alle Antworten der Kinder sind richtig, es gibt keine falsche Antwort. Die Kinder lernen dabei, dass ein Gesichtsausdruck zwar eindeutig, aber der Grund für diese Stimmung oder dieses Gefühl unterschiedlich sein kann.

● *Spielvarianten:*
– Eine Karte wird auf den Tisch gelegt. Die Kinder überlegen, wie es der abgebildeten Person geht, sie interpretieren, was der Gesichtsausdruck zeigt. Sie suchen nach treffenden Worten oder erfinden passende Geschichten dazu.
– Zwei Karten liegen auf dem Tisch. Die Kinder schauen die Mimik an und überlegen, was die beiden Menschen gerade miteinander reden oder erlebt haben könnten.
– Drei Karten liegen auf dem Tisch. Die Kinder überlegen, was die drei vorhaben, was von ihren Gesichtern abzulesen ist.
– Vier Karten liegen auf dem Tisch. Die Kinder sortieren die Karten nach den Kriterien, wem es gut geht und wem weniger gut. Und sie begründen ihren Eindruck.
– Fünf Karten liegen auf dem Tisch. Eine Person passt nicht zu den anderen. Welche und warum? Hier ist jede Antwort richtig, wenn der Grund einsichtig ist.

Akustische Kommunikation

Was ist zu hören, wenn einer spricht? Natürlich die Worte und Sätze, aber auch noch mehr, etwa die Stimme, die überzeugt, überzogen, gehemmt oder nachdenklich klingt. Wir hören auch die Modulation in der Stimme und spüren Freude, Witz, Lachen, Weinen, Angst oder Wut. Diese nonverbalen, aber hörbaren Informationen beeinflussen unsere Haltung gegenüber dem Sprecher und unsere Einschätzung gegenüber dem, was er sagt. Von Geburt an kommuniziert das Kind auf der nonverbalen Ebene und setzt die Signale der akustischen Kommunikation ein. Sei es das leise oder laute Weinen, das Lallen in unterschiedlicher Intonation oder der Einwort-Satz mit unterschiedlichem Nachdruck. Die Mutter hört und spürt an der Stimme ihres Kindes, ob es eine zufriedene Äußerung oder ein Klagen ist. Wenn die Mutter reagiert, horcht das Kind auf, um die akustischen Signale der Mutter aufzunehmen, bevor es selbst wieder Lautäußerungen von sich gibt. Schon bei diesen ersten Mutter-Kind-Unterhaltungen erlebt sich das Kind in wechselnden Rollen, mal als Sprechender, dann wieder als Hörender. Dabei lernt es die beiden wichtigsten Regeln des Dialogs:

1. Man kann sein Wollen ausdrücken; das ist das Prinzip der Intentionalität.
2. Miteinander reden geht nur, wenn man auch mal still ist und dem anderen zuhört; das ist das Prinzip der Reziprozität.

Reizüberflutung und selektive Wahrnehmung

Die Umwelt ist voller akustischer Reize. Musik, Stimmen, Schritte, Haushaltsgeräte, Straßenverkehr usw., die Geräuschkulisse ist allgegenwärtig und viele Menschen sind ihr beinahe ununterbrochen ausgesetzt. Das Hören lässt sich zwar nicht einfach abschalten, aber mithilfe des selektiven Hörens schaffen wir es, dass wir uns in einer Vielzahl von akustischen Einflüssen auf das konzentrieren, was wir wahrnehmen wollen. Die anderen „Störgrößen" werden einfach ausgeblendet und so gelingt es beispielsweise zwei Kindern, sich mitten im Lärm der anderen Kinder, die um sie herum spielen, zu unterhalten und sich bestens zu verstehen. Manchen Kindern gelingt dieses selektive Hören jedoch nicht; sie nehmen alles mit großer Aufmerksamkeit und Intensität wahr. Sie können sich deshalb nur schwer auf ein Gespräch oder eine Sache konzentrieren, denn die Ablenkung des Aufmerksamkeitsfokus lauert in jedem Geräusch. Vor allem für diese Kinder sind die nachfolgenden Spiele wichtig. Denn zum Sprechen gehört das Hören und Zuhören, und das müssen manche Kinder wieder lernen.

Mucksmäuschenstill

Bei diesem Spiel lauschen die Kinder den vielen Geräuschen, die sie normalerweise nicht mehr wahrnehmen. Es sind die Geräusche der anderen, das Räuspern und Husten, das Rücken und Rutschen und anfangs sicher auch das Kichern und Lachen. Denn still sein und nur hören ist für manche Kinder sehr komisch. Doch das Kichern hört nach ein paar Spielrunden von selbst auf.
- *Mitspieler:* Kleine oder große Gruppe, Kinder ab 2 Jahren.
- *Spielvorbereitung:* Alle Kinder sitzen oder liegen, schließen die Augen oder halten sich die Augen zu und sind mucksmäuschenstill.
- *Spielregel:* Auf alles hören, was rundum zu hören ist.

Ein Gongschlag zeigt das Ende der Spielrunde an. Jetzt dürfen die Kinder wieder reden und erzählen, wer was gehört hat.

Eine Sache hören

Bei diesem Spiel wird die Konzentration des Hörens auf eine einzige Sache gelenkt.
- *Mitspieler:* Große oder kleine Gruppe, Kinder ab 3 Jahren.
- *Spielvorbereitung:* Alle Mitspieler sitzen etwas auseinander, jeder sollte jeden sehen können – um später besser hören zu können.
- *Spielregel:* Ein Spieler hält sich die Augen zu, ein anderer tut etwas sehr geräuschvoll und sagt laut „fertig", wenn er damit zu Ende ist. Das ist das Zeichen, dass der Hörer wieder seine Augen öffnen darf. Es muss nun beschreiben, was er gehört hat, und raten, was der andere wohl gemacht hat.
Hier ein paar Ideen, was man hörbar tun kann.
  – Ein paar Schritte gehen.
  – In die Hände klatschen.
  – Seinen Stuhl rücken.
  – Mit den Füßen stampfen.
  – Mit dem Finger auf den Boden klopfen.
  – Die Nase putzen.
  – Ein Papier zerreißen.
  – Ein Buch zuschlagen.
  – Mit Bauklötzen klappern.

Gut zuhören

Gut zuhören heißt auch mitdenken, und das ist bei diesem Spiel gefordert, denn manches in den Geschichten, die erzählt werden, stimmt nicht.
- *Mitspieler:* Kleine Gruppe, Kinder ab 4 Jahren.
- *Spielvorbereitung:* Alle sitzen so zusammen, dass jeder den Erzähler gut sehen und deshalb aufmerksam zuhören kann. Beginnen Sie mit der Flunkergeschichte. Später können Kinder weitermachen.
- *Spielregel:* Einer erzählt eine Geschichte, bei der immer wieder etwas nicht stimmt. Das sollen die Zuhörer merken und auch sofort Protest einlegen.
  So könnte Ihre Flunkergeschichte beginnen: „Ich bin gestern Abend spazieren geflogen (falsch!) spazieren gegangen, da kam mir eine Katze mit ihren acht Beinen (falsch!) vier Beinen entgegen. Ich streichelte ihre Flossen (falsch) ihr Fell und sie quakte (falsch!) schnurrte vor Freude ..."

 ## Das kleine Wörtchen „nicht"

Hier heißt es gut zuhören, ob das Wörtchen „nicht" dabei ist.
- *Mitspieler:* Kleine Gruppe, Kinder ab 3 Jahren.
- *Spielvorbereitung:* Alle Mitspieler sitzen zusammen. Einer ist Spielleiter, das können anfangs Sie sein, später übernehmen Kinder diese Rolle.
- *Spielregel:* Der Spielleiter stellt eine Aufgabe an einen Mitspieler, der sie auch gleich ausführen muss. Aber aufgepasst: Wenn das Wörtchen „nicht" dabei ist, gibt es auch nichts zu tun!
  Das könnten geeignete Aufgaben sein:
  – Setz dich (nicht) an einen anderen Platz!
  – Streck (nicht) die Zunge heraus!
  – Gib (nicht) deinem Nebensitzer die Hand!
  – Zeig mir (nicht) deine Schuhe!

▪ Stimme

Die Stimme ist etwas ganz Persönliches, Besonderes. Jede Stimme hat wie ein Musikinstrument seine eigene Tonmischung und Klangfärbung. Eine Stimme, die uns vertraut ist, erkennen wir sofort. Auf was achten wir dabei? Wir hören die Tonhöhe der Stimme, den Sprechrhythmus, das Sprechtempo, die Satzmelodie und Eigenheiten der Aussprache. Das alles macht die Einmaligkeit einer Stimme aus.

Schon ein Baby hat an seinen stimmlichen Äußerungen größtes Vergnügen. Es brabbelt und babbelt nach Herzenslust, was den Effekt hat, dass sein Sprechwerkzeug und die Koordination von Lautäußerung und Atmung trainiert wird. Wenn sich ein Säugling besser bewegen kann, z. B. drehen und umdrehen oder sitzen und mit dem Oberkörper wippen, dann macht er immer wieder neue Erfahrungen mit seiner Stimme. Je nach Körperposition kommt ein anders klingender Laut hervor.

Kinder im Vorschulalter haben schon eine ausgeprägte eigene Stimmlage, in der sich Ärger, Freude oder Enttäuschung mit jeweils eigenen Variationen abheben. Die Stimme wird hier zum Sprachrohr der Gefühle, auch wenn diese nicht wörtlich zur Sprache kommen. Wer auf die Stimme des anderen achtet, kann hören, wie es ihm geht, ob er sich wohl fühlt oder ob er etwas verbergen will, ob er Spaß oder Angst bei der Unterhaltung hat, ob er sich seiner Sache sicher ist oder ob er etwas sagt, was nicht stimmt.

Stimmen erkennen

Mit diesem Spiel lernen die Kinder, auf die Stimme der anderen bewusst zu achten.
- *Mitspieler:* Kleine oder große Gruppe, Kinder ab 3 Jahren.
- *Spielvorbereitung:* Die Kinder sitzen im Kreis, jeder kann jeden hören und sehen.

- **Spielregel:** Ein Spieler hält sich die Augen zu. Der Spielleiter fordert mit Handzeichen einen Mitspieler auf, etwas zu sagen, das kann z. B. „Guten Tag!", „Hallo" oder ein witziges Wort sein, das demjenigen gerade so einfällt. Wichtig ist, dass jeder mit seiner normalen Stimme redet. Wer ist es? Das muss der andere hören und raten.

 ### Stimmungspiel

Bei diesem Spiel werden die Kinder auf die Gefühle aufmerksam, die in einer Stimme zu hören sind.
- **Mitspieler:** Kleine oder große Gruppe, Kinder ab 4 Jahren.
- **Spielvorbereitung:** Die Kinder sitzen im Kreis.
- **Spielregel:** Alle Kinder oder ein Kind allein sprechen einen Reim oder singen ein Lied. Dabei stellen sie sich eine bestimmte Stimmung vor und geben diese stimmlich zum Ausdruck. Danach tauschen die Kinder ihre Meinungen aus, wie die Stimme wirkte und welche Gefühle die Zuhörer dabei spürten Diese Stimmungen könnten zum Ausdruck gebracht werden: vergnügt, traurig, glücklich, frech, ängstlich, mutig, zornig, müde.

Lügenspiel

An der Festigkeit und Modulation einer vertrauten Stimme können wir erkennen, ob die Aussagen stimmen, also glaubhaft klingen, oder ob irgendetwas nicht stimmt. Jetzt sind die Kasperlepuppen die geeigneten Spielpartner, denn damit lassen sich Stimme und Stimmung wunderbar übertreiben. Bei diesem Spiel achten die Kinder nicht nur auf die Stimme, sondern auch darauf, ob die Aussage mit der Stimmung der Kommunikationssituation übereinstimmt.

- *Mitspieler:* Große oder kleine Gruppe, Kinder ab 5 Jahren.
- *Material:* Die beiden Handpuppen Kasperle und Seppel.
- *Spielvorbereitung:* Am Anfang sind Sie es, die die beiden Handpuppen führt und sprechen lässt. Danach kann ein Kind Spielpartner sein.
- *Spielregel:* Das Kasperle darf flunkern, und der Seppel muss raten, ob Kasperles Aussagen stimmen.
- *Spieldurchführung:* Kasperle sagt nur einen Satz, mit „stimmiger" oder „unstimmiger" Stimme. Seppel überlegt laut, ob das stimmen kann, was Kasperle da sagt. Dabei können auch die Zuschauerkinder mit einbezogen werden.
- *Spielszene:* So z. B. könnten Sie das Spiel beginnen:
  Kasperle sagt mit trauriger Stimme: „Mir geht es sooo wunderbar gut!"
  „Falsch!", ruft Seppel und begründet, woran er es gemerkt hat.
  Dann sagt Kasperle mit vergnügter Stimme: „Ha, ich bin ja so schrecklich krank!"
  „Wieder falsch!", ruft Seppel und erklärt seinen Verdacht.

Stimmenvariationen

Das Hören der Muttersprache ist eine der Voraussetzungen für die Sprachentwicklung des Kindes. Das Kind hört die Stimme der Mutter schon als Ungeborenes, es ist wie eine Musik mit Melodie, Rhythmus und Klangfarbe. Als Säugling lernt es die Laute der Mutterstimme differenzierter wahrzunehmen, um sie im weiteren Verlauf der Entwicklung nachzuahmen und wiederzugeben.

Mütter sprechen auf eine ganz besondere Weise mit ihren Kleinkindern. Die Stimmlage wird höher, die Stimme weicher, oft wird zart geflüstert, die Worte werden langsamer ausgesprochen, deutlicher artikuliert. Dieses stimmliche Verhalten von Müttern ist auf der ganzen Welt gleich. Denn das ist es, was Babys und Kleinkinder brauchen. So lassen sich die Laute besser unterscheiden, der Sprechrhythmus besser erkennen und die Sprachdynamik besser wahrnehmen.

Ganz anders klingt die hohe Pieps-Stimme, die sich manche Kindergartenkinder angewöhnt haben. Nicht, weil sie so eine Stimme haben, sondern weil sie merken, dass sie bei Erwachsenen damit eine größere Aufmerksamkeit bekommen.

Doch wie wirkt diese Pieps-Stimme auf gleichaltrige Kinder? Was verändert sich, wenn mit unterschiedlicher Stimme geredet wird, mal kraftvoll und überzeugt, dann wieder leise bittend?

Welche Stimme passt zu wem?

Das Kasperletheater ist ein ideales Spielmaterial, um den Kindern die Unterschiede der stimmlichen Tonlagen und der damit verbunden Wirkung auf die Zuhörer zu veranschaulichen. Bei diesem Spiel können die Kinder selber andere Stimmen ausprobieren und werden viele Wörter lernen, wie sie charakteristische Stimmen beschreiben können.

- *Mitspieler:* Große oder kleine Gruppe, Kinder ab 3 Jahren.
- *Material:* Verschiedene Figuren aus dem Kasperletheater.
- *Spielvorbereitung:* Alle Figuren liegen auf dem Tisch. Die Kinder sitzen oder stehen rundherum, schauen alle Figuren an, nehmen sie auch in die Hand und überlegen, was für eine Stimme zu jeder der Spielfiguren passen könnte. Erst dann beginnt das Spiel.
- *Spielregel:* Sie sind Spielleiter und stellen Fragen; wer will und wer es weiß, sucht die passende Handpuppe aus und spielt und redet mit verstellter Stimme.
- *Spieldurchführung:* So könnte das Spiel beginnen. Sie fragen: „Wer hat eine hohe Stimme?" Sie schauen alle Figuren an und wenn sich kein Kind auf diese Frage meldet, nehmen Sie die Gretel und die Prinzessin zur Hand und lassen die beiden Figuren mit hohen Stimmen reden. Aus Spaß könnten Sie auch den Räuber hinzunehmen und ihm eine hohe Piepsstimme verpassen, mit der er zu den Kinder spricht: „Irgend etwas stimmt mit meiner Stimme nicht!" Die Kinder werden es ihm erklären. Dann geht das Spiel weiter, die Handpuppen werden zurückgelegt. Weitere Spielrunden könnten mit folgenden Fragen eingeleitet werden:
- – Wer hat eine tiefe Stimme? Das sind z.B. der König, der Polizist und der Räuber.
- – Wer hat eine krächzende Stimme? Das ist vielleicht die Hexe oder der Rabe der Hexe.

Nonverbale Kommunikation

- Wer hat eine laute Stimme? Natürlich Kasperle und auch der Räuber.
- Wer hat eine zaghafte Stimme? Vielleicht der Seppel oder die Prinzessin oder die Großmutter.
- Wie klingt die Stimme des Zauberers?
- Wie hört sich die Stimme des Krokodils an?

Die Kinder entscheiden selbst, nehmen die Handpuppe und lassen sie mit der entsprechenden Stimme sprechen.

Wer ist hinter meinem Rücken versteckt?

- *Mitspieler:* Große oder kleine Gruppe, Kinder ab 5 Jahren,
- *Material:* Kasperlepuppen, ein Korb, ein Tuch.
- *Spielvorbereitung:* Alle Handpuppen liegen im Korb.
- *Spielregel:* Wer anfangen möchte, wählt eine Spielfigur aus, versteckt sie unter dem Tuch und spricht ab sofort mit der Stimme der Spielfigur; er erzählt irgendetwas, vielleicht auch einen Reim oder Liedervers. Die anderen Kinder hören und raten, welche Handpuppe unter dem Tuch versteckt sein könnte.
- *Spielbeispiele:* Der Räuber könnte mit tiefer Stimme erzählen, was er alles gestohlen hat oder wo er wohnt, und die Prinzessin könnte mit zarter Stimme ein Lied singen.

Tröte-Stimme

Das Verstellen der Stimme hat ihren ganz besonderen Reiz. Die Kinder probieren hier aus, wie es klingt, wenn jemand plötzlich mit einer ganz anderen Stimme spricht.

- *Mitspieler:* Kleine Gruppe, Kinder ab 5 Jahren.
- *Material:* Kamm, Pergamentpapier oder Butterbrotpapier, Schere.

- **Vorbereitung:** Einen Streifen vom Papier abschneiden, der so lang und doppelt so breit wie der Kamm ist, das Papier längs falten und den Kamm hineinlegen.
- **Spieldurchführung:** Durch das Papier blasen oder singen oder summen. Die Kinder erzählen sich gegenseitig „durch den Kamm" Geschichten.

Röhrende Stimme

- **Mitspieler:** Kleine Gruppe, Kinder ab 5 Jahren.
- **Material:** 2 bis 4 m lange Gartenschlauchstücke oder Plastikröhren.
- **Spieldurchführung:** Die Kinder finden sich in Zweiergruppen zusammen, von denen jede ein Schlauchstück oder eine Röhre bekommt. Ein Kind redet in den Schlauch, das andere hält sein Ohr an das andere Schlauchende.
- **Spielvariante:** Spannend ist es auch, wenn ein langes Stück Schlauch über ein Hindernis oder um die Ecke geführt wird. So können sich die Kinder nicht mehr sehen und nun muss das Kind an einem Ende des Schlauchs raten, wer vom anderen Ende aus mit ihm spricht.

Telefon-Stimme

- *Mitspieler:* Kleine Gruppe, Kinder ab 3 Jahren.
- *Material:* Jogurtbecher, etwa 3 m lange, dünne Paketschnüre, Büroklammern, Schere.
- *Vorbereitung:* In je zwei Becher wird mit der Schere ein Loch in den Boden gestochen, dann werden beide Schnurenden von außen durch je ein Loch geschoben und im Becher an der Büroklammer festgeknüpft.
- *Spieldurchführung:* Zwei Spieler nehmen jeweils ein Bechertelefon und stellen sich so weit auseinander, dass die Schnur zwischen ihnen gespannt ist. Einer redet in das Bechertelefon, der andere hält sein Ohr an den Becher. Wie klingt die Stimme des anderen?

Megafon-Stimme

- *Mitspieler:* Kleine Gruppe, Kinder ab 5 Jahren.
- *Material:* Großer Küchentrichter oder ein Bogen Fotokarton und Klebeband.
- *Vorbereitung:* Den Fotokarton wie einen Trichter zusammendrehen und mit einem Streifen Klebeband fixieren.
- *Spieldurchführung:* Durch die kleinere Öffnung des Trichters wird gesprochen, die größere Öffnung ist der Schalltrichter, der die Stimme verzerrt. Die Kinder experimentieren mit den Stimmveränderungen.

Hänschen, piep einmal

Ein bekanntes Spiel, das schon seit Generationen mit Begeisterung gespielt wird.
- *Mitspieler:* Kleine oder große Gruppe, Kinder ab 3 Jahren.
- *Material:* Tuch oder Schlafbrille.
- *Spielvorbereitung:* Die Kinder sitzen im Stuhlkreis. In der Mitte steht ein Kind, dessen Augen verbunden sind.

● **Spielregel:** Das Kind wird vom Spielleiter einmal um sich selbst gedreht, um die Orientierung zu verlieren, und dann zu einem Mitspieler geführt. Diesem setzt es sich auf den Schoß und sagt: „Hänschen, piep einmal!" Das Kind antwortet mit verstellter Stimme „Piep!" Dreimal darf das Kind fragen, hören und raten. Erkennt es die Stimme des Mitspielers nicht, wird es zu einem anderen geführt und weiter geht die Raterunde. Wird der Mitspieler erkannt, werden die Rollen getauscht.

Modulation

Die Modulation einer Stimme setzt sich zusammen aus Klangfarbe, Lautstärke, Betonung und Sprachmelodie. Beim Nachahmen einer Stimme wird die Modulation bewusst eingesetzt, und geübte Sprecher, etwa Schauspieler, müssen die Stimmmodulation bestens beherrschen.

Mit der Modulation der Stimme kann man den Worten einen gefühlvollen Ausdruck und passenden „Ton" geben, sanft oder heftig, liebevoll oder aufbrausend. Wer die Modulation seiner Stimme beherrscht, der kann damit seine Zuhörer fesseln oder beruhigen, aufhetzen oder besänftigen, für eine Sache begeistern oder von einer etwas abhalten.

Kleinkinder experimentieren viel mit ihrer Stimme. Mit einer einzelnen Silbe können sie heftigen Protest, Begeisterung oder Unsicherheit zum Ausdruck bringen. Sie versuchen sich in verschieden hohen und tiefen Tonlagen und unterschiedlichen Lautstärken und finden großes Vergnügen an diesen Modulations-Spielen.

Bei den nachfolgenden Sprech-Spielen lernen die Kinder, die Modulation einer Stimme bewusst wahrzunehmen. Sie beachten ihre Gefühle, die durch die Stimme eines anderen ausgelöst werden, und erleben, dass sie durch die Stimme des anderen in eine Stimmung versetzt werden, die sie vielleicht vorher nicht hatten. Sie erkennen, dass gleiche Worte unterschiedlich wirken, je nach Stimmmodulation.

Zwergen- und Riesenstimmen

Dort droben auf dem Berge,
eins zwei drei,
da sitzen kleine Zwerge,
eins, zwei drei.
Dort drunten auf der Wiese,
eins, zwei, drei,
da sitzt ein großer Riese,
eins, zwei, drei.

- *Mitspieler:* Kleine oder große Gruppe, Kinder ab 4 Jahren.
- *Spielvorbereitung:* Alle Kinder sitzen dicht beieinander.
- *Spieldurchführung:* Zuerst vereinbaren die Kinder, wie sie einen Vers sprechen wollen. Auf ein Zeichen hin legen sie gemeinsam los. Danach besprechen die Kinder, wie auf sie der Vortrag gewirkt hat, welche Stimmung in ihnen ausgelöst wurde oder wie sie sich dabei fühlten. Anfangs wird den Kindern das Vokabular fehlen, all das auszudrücken, was sie spüren und empfinden. Da können Sie einspringen und mit Fragen weiterhelfen, z. B.: „Meinst du, dass es dir dabei unheimlich wird, wenn du den Vers so hörst?" Oder: „Bist du vom Zuhören aufgeregt geworden?"

Der Kindervers kann auf unterschiedliche Weise gesprochen werden, etwa so:
- flüsternd, hauchend
- brüllend, tobend
- drohend, schimpfend
- ängstlich, zitternd
- aufgeregt, freudig
- gelangweilt, monoton
- vergnügt, lachend

- *Spielvariante:* Beim Aufsagen der Verse kann auch eine entsprechende Mimik eingesetzt werden.

„Guten Tag" auf vielerlei Art

Bei diesem Spiel ist der Verfremdungseffekt stark, das verwirrt die Kleinen, die erst die Konvergenz von Stimme und Worte erfahren und lernen. Doch für die Großen der Kindergruppe ist es ein witziges Spiel mit interessanten Erfahrungen.
- *Mitspieler:* Kleine Gruppe, Kinder ab 5 Jahren.
- *Vorbereitung:* Tische und Stühle werden beiseite geräumt, sodass die Kinder sich frei bewegen können.
- *Spielregel:* Die Kinder sagen auf unterschiedliche Weise „Guten Tag!" und tauschen nach jeder Spielrunde ihre Empfindungen aus. Ein Gongschlag kündet Anfang und Ende der Spielrunden an.
- *Spieldurchführung:* Die Mitspieler wandern alle im Raum umher, kreuz und quer und durcheinander, und jeder begrüßt jeden, der ihm begegnet, mit einem ganz normalen „Guten Tag!". Nach einem Gongschlag ist diese Spielrunde zu Ende. Dann sprechen die Kinder ab, mit welcher Betonung und Stimmung sie sich nun „Guten Tag!" sagen wollen, etwa aufgeregt oder wütend oder bestens gelaunt oder gähnend. Die nächste Spielrunde beginnt. Im Anschluss daran tauschen die Kinder wieder ihre Erfahrungen aus: Jeder berichtet, wie es ihm erging, wie er sich fühlte oder was ihm sonst dazu einfällt. Sollten bei diesem Erfahrungsaustausch den Kindern die Worte fehlen, machen Sie mit und bieten mit Ihrem Beitrag den Kindern einen neuen Wortschatz an.

Artikulation

Was nützt eine gute Sprache, wenn keiner die Worte versteht? Undeutliches Sprechen vermittelt schnell den Eindruck, dass man seiner Sache nicht sicher ist oder sich nicht traut, die Worte laut und deutlich auszusprechen. Eine gute Artikulation, also ein deutliches Sprechen, signalisiert Sicherheit, Wissen,

Kompetenz und gibt ein Stück Selbstvertrauen. Die Zuhörer haben das Gefühl, dass der andere weiß, wovon er spricht, dass er etwas Wichtiges und Richtiges zu sagen hat, und sie horchen auf. Wer gut artikuliert, der kann es sich durchaus erlauben, leiser zu reden, er wird dennoch gut verstanden. Das leise Reden wirkt angenehm entspannt, sicher und überzeugend.

Das alles scheint ein kleines Baby zu ahnen, denn ab etwa dem 5. Monat hört es seiner Mama nicht nur aufmerksam zu, wenn diese ihm etwas erzählt, sondern schaut auch konzentriert auf ihren Mund und beachtet die Mundbewegungen. Es sieht, dass beim „A" der Mund weit geöffnet ist und sich beim „O" zu einer kleinen Öffnung rundet. So lernt das Kind Mundbewegung und Laut zu verknüpfen. Die Laute und Worte werden durch die Sprechwerkzeuge, nicht zuletzt durch den Mund, geformt. Insofern setzt eine deutliche Artikulation ein sicheres Beherrschen der Mundbewegungen voraus.

Von den Lippen ablesen

Die nachfolgenden Spiele sind für die Sprechfähigkeiten aller Kinder förderlich, besonders aber für Kinder,
– die neue Wörter hören, lernen und aussprechen wollen,
– die eine unklarer Aussprache haben, weil auch ihre Bezugspersonen undeutlich reden und die Kinder dies nachahmen,
– bei denen in der Familie selten gesprochen wird und die Kinder kaum mehr die Mundbewegungen des andern registrieren,
– mit einer fremden Muttersprache, die die Laute der deutschen Sprache nicht ausreichend beherrschen.

Vor dem Spiegel

- *Mitspieler:* Kleine Gruppe, Kinder ab 4 Jahren.
- *Material:* Große oder kleine Spiegel.
- *Spielregel:* Der Spielleiter, das sind anfangs Sie, später kann auch ein Kind diese Rolle übernehmen, spricht etwas vor, die anderen wiederholen es und beobachten dabei ihre eigenen Mundbewegungen vor dem Spiegel.
- *Spieldurchführung:* Beginnen Sie mit den Vokalen, a - e - i - o - u, dann erst kommen Silben und schließlich mehrsilbige Wörter an die Reihe. Stellen Sie Fragen zur Beobachtung, z. B. ist der Mund weit auf oder ganz geschlossen? Sieht man die Zähne dabei? Ist der Mund breit oder rund?

Nonverbale Kommunikation

 Namen schauen

Den Namen eines Mitspielers aussprechen, ohne einen Laut von sich zu geben, nur die Mundbewegungen machen und dabei ein bisschen übertreiben, das ist der Reiz dieses Spiels.
- *Mitspieler:* Kleine Gruppe, Kinder ab 5 Jahren.
- *Spielvorbereitung:* Alle sitzen im Kreis, damit jeder jeden sehen kann.
- *Spielregel:* Einer sagt den Namen eines Mitspielers nur mit Mundbewegungen und ohne Ton. Die anderen schauen zu. Wer den Namen errät, ist als Nächster an der Reihe.

 Lippen-Sprache

- *Mitspieler:* Große oder kleine Gruppe, Kinder ab 4 Jahren.
- *Spielvorbereitung:* Alle sitzen im Kreis.
- *Spielregel:* Ein Spieler denkt sich zwei Worte aus und sagt sie laut. Dann entscheidet er sich für ein Wort, das er tonlos und nur mit Mundbewegungen ausspricht. Die anderen schauen und raten, welches der beiden Worte es ist. Dann kommt der nächste Mitspieler an die Reihe.

Artikulationsübungen

Ab zwei oder drei Jahren spricht ein Kind in seiner Kindersprache schon viele Wörter zum großen Teil richtig aus, doch noch fehlt es ihm an der Beweglichkeit von Zunge und Lippen, um bestimmte Laute hervorbringen zu können. Einfache Verschlusslaute wie das p oder t in Verbindung mit einem Vokal gelingen schon bald recht gut, aber die Lautverbindungen von str, ts oder auch sch brauchen sehr vier mehr Übung, um fließend über die Lippen zu kommen. Spielerisch lassen sich solche schwierigeren Laute üben, das zeigt folgendes Spielbeispiel.

Raketenstart

Mit diesem Spiel zeigen Sie den Kindern, dass es nicht darauf ankommt, ob man ein „s" oder „sch" spricht. Hauptsache es zischt wunderbar laut und das muss es bei diesem Raketenstart.
- *Mitspieler:* Große oder kleine Gruppe, Kinder ab 3 Jahren.
- *Spielvorbereitung:* Die Kinder stehen im Kreis, fassen sich an den Händen.
- *Spieldurchführung:* Alle beginnen mit einem leisen, zischenden Geräusch, das kann ein „S" oder „Sch" sein. Die Rakete startet, das Zischen wird lauter, die Hände erheben sich, alle werden lauter und intensiver und recken die Hände so hoch sie können. Sind alle Hände ganz in die Höhe gestreckt und das zischende Geräusch am lautesten, hebt die Rakete ab, die Kinder lassen ihre Hände los und stampfen mit den Füßen auf den Boden.

Deutlich sprechen

Deutliches Sprechen kann man üben, mit lustigen Spielen für Lippen, Zunge und Wangen. Wenn Sie der Meinung sind, einige Kinder aus Ihrer Gruppe könnten eine Förderung der Beweglichkeit ihrer Sprechorgane gebrauchen, dann sind nachfolgende Spiele richtig. Sollten Sie bei einem Kind beobachten, dass diese Spiele keine Verbesserung seiner Aussprache bewirken, ist eine logopädische Untersuchung sinnvoll. Dann sollten Sie versuchen, den Kontakt zu vermitteln, aber nicht zu therapieren.

 Korkensprache

Diese witzig-komische Übung für Schauspieler können auch Kinder ausprobieren.
- *Mitspieler:* Kleine Gruppe, Kinder ab 5 Jahren.
- *Material:* Für jedes Kind einen gut gereinigten Weinflaschenkorken.

- **Spieldurchführung:** Jeder Mitspieler schiebt seinen Korken wenige Millimeter in den Mund, beißt locker zu, sodass man den Korken noch drehen könnte, und dann wird geredet, zum Beispiel können Kinderverse aufgesagt werden. Wenn den Kindern vor Lachen der Korken aus dem Mund fällt, macht das nichts, das gehört dazu. Doch dann wird es wieder ernst und jeder übt, bis die anderen ihn deutlich verstehen. Die Korkensprache kann auch geübt werden, indem man den Daumen ein kleines Stück zwischen die Zähne schiebt. Damit wird vermieden, dass sich die Kiefer verkrampfen, denn wenn ein Mitspieler im Eifer des Spiels doch zu stark zubeißt, merkt er das schnell.

 Lippen-Gymnastik

Wer nuschelt und Wörter verschluckt, ohne dass diese Störung organische Ursachen hat, dem kann mit dieser witzigen Lippengymnastik geholfen werden.
- **Mitspieler:** Kleine oder große Gruppe, Kinder ab 3 Jahren.
- **Spielvorbereitung:** Alle sitzen oder stehen so, dass man Sie als Spielleiter gut sehen und hören kann.
- **Spielablauf:** Sie stellen die Aufgabe und alle machen mit. Alle Übungen sollten mehrmals wiederholt werden.

- Grinsen (Lippen breit auseinander ziehen) und dann küssen (Lippen spitzen und nach vorne schieben) mehrmals hintereinander üben.
- Lippen fest aufeinander pressen, dann wieder locker lassen. Diese Übung immer schneller machen.
- Unterlippe nach vorne schieben (als wäre man beleidigt) und dann hinter die Oberlippe ziehen.
- Unterlippe über die Oberlippe nach oben stülpen und danach Oberlippe nach unten über die Unterlippe stülpen.
- Lippen leicht aufeinander pressen, dann kräftig Luft durchblasen.

Zungenturnen

- *Mitspieler:* Große oder kleine Gruppe, Kinder ab 3 Jahren.
- *Spieldurchführung:* Sie beschreiben, was die Zunge alles macht, und die Kinder spielen mit. Dazu eine kleine Geschichte, die Sie vorab den Kindern erzählen: Die Zunge wohnt gerne in ihrem Haus, dem Mund. Ab und zu schaut sie nach, ob in ihrem Haus auch alles in Ordnung ist. Sie schaut dabei in alle Winkel und Ecken und auch nach draußen und rund um ihr Haus.
Und jetzt kann es losgehen:
- Zunge schaut mal rechts, mal links (Zungenspitze abwechselnd aus beiden Mundwinkeln herausstrecken).
- Die Zunge schaut an der Zahnreihe entlang, oben und unten, hin und her.
- Die Zungenspitze schaut mal links, mal rechts in die Wangenhöhlen, ob da vielleicht etwas versteckt ist.
- Die Zunge schaut draußen nach der Nasenspitze und nach dem Kinn. So weit wie möglich reckt sie sich hoch und hinunter.
- Die Zunge bekommt als Belohnung ein Gummibärchen und muss es so lange wie möglich auf der Zungenspitze balancieren. Dann darf es aufgegessen werden.

Wangenspiele

Die Backen aufblasen wie ein Frosch, das ist ein lustiges Spiel und zugleich Training für den Sprechapparat.
- *Mitspieler:* Große oder kleine Gruppe, Kinder ab 3 Jahren.
- *Spieldurchführung:* Sie sind Spielleiter und stellen die Trainingsaufgaben:
- Wangen aufblasen, Mund geschlossen halten, Luft ein kleines Weilchen so anhalten, dann wieder entweichen lassen.
- Mal die eine, mal die andere Wange aufblasen, dabei die Luft von einer Wange in die andere verschieben.
- Wangen in die Mundhöhle einsaugen, festhalten, loslassen.

 ## Kieferspiele

- *Mitspieler:* Große oder kleine Gruppe, Kinder ab 3 Jahren.
- *Spieldurchführung:* Auch hier sind Sie Spielleiter und geben vor, welche Bewegungen ausgeführt werden. Die Kinder machen alles nach, was Sie vormachen. Am meisten Spaß macht es, wenn kleine Geschichten die Übungen einleiten. Alle Übungen werden mehrmals wiederholt.
- Fischblubbern: Unterkiefer locker herabfallen lassen, dann Mund wieder schließen.
- Nussknacker: Unterkiefer nach unten ziehen, dabei den Mund öffnen, dann wieder zurückziehen und den Mund schließen.
- Wiederkäuende Kuh: Unterkiefer mal auf die eine, mal auf die andere Seite verschieben.
- Schnaubendes Pferd: Den Oberkörper nach vorne beugen, den Kopf schütteln, den Mund, vor allem den Unterkiefer locker hängen lassen, sodass alles locker geschüttelt wird, dabei die Luft laut ausströmen lassen.

Saugen, Schlucken, Atmen

Die Synchronisation zwischen Saugen, Schlucken und Atmen ist für den Säugling eine Meisterleistung. Das schafft er gleich nach der Geburt, weil es für seine Nahrungsaufnahme und somit für sein Überleben notwendig ist. Und genau diese Synchronisation ist auch für die Sprach- und Sprechentwicklung notwendig. Diese drei „Mechanismen" können auch willentlich, einzeln und unabhängig voneinander in Gang gesetzt werden.
Die Entwicklung des mundmotorischen Mechanismus von Saugen, Schlucken und Atmen ist genetisch vorprogrammiert. Dennoch kann es zu Verzögerungen oder Störungen kommen und die Entwicklung der Sprechfähigkeit des Kindes behindern. Die nachfolgenden Spiele aktivieren und fördern diesen Mechanismus, können Störungen auffangen und ausgleichen und insgesamt die deutliche Aussprache des Kindes unterstützen.

Saugspiele

Kräftiges Saugen fördert die Lautbildung im hinteren Teil des Mundes, da werden z. B. die Laute k und g gebildet.
- *Mitspieler:* Kleine oder große Gruppe, Kinder ab 3 Jahren.
- *Material:* Trinkhalme mit unterschiedlichem Durchmesser, Papierschnipsel oder Spielchips, die so groß sind, dass sie nicht durch die Halme gesaugt werden können.
- *Spieldurchführung:* Auf dem Tisch werden die Papierschnipsel oder Spielchips verteilt, dann bekommen die Kinder zunächst die dicken, später die dünnen Trinkhalme. Die Gegenstände müssen mit dem Trinkhalm angesaugt und an einer bestimmten Stelle auf dem Tisch „abgeladen" werden.
Welche Erfahrungen machen die Kinder? Ist es leichter, mit einem dicken oder mit einem dünnen Strohhalm die Gegenstände anzusaugen? Zum Abschluss des Spiels bekommt jedes Kind ein Glas Saft, der mit dem dünnen Strohhalm getrunken wird.

Pustespiele

Kräftiges Pusten fördert die Lautbildung, bei denen ein dosierter Luftstrom notwendig ist, wie z. B. bei den Lauten f, s, sch, tsch, n und h.
- *Mitspieler:* Kleine oder große Gruppe, Kinder ab 3 Jahren.
- *Material:* Gläser, Spülmittel, Trinkhalme, Wattebällchen, Tischtennisbälle, Seidenpapier, Bauklötzchen.
- Blubbern: Ein Glas mit Wasser füllen, ein paar Tropfen Spülmittel dazugeben und mit einem Strohhalm kräftig ins Seifenwasser blasen, sodass bunter Blubberblasenschaum entsteht.
- Blaseball: Mit dem Strohhalm einen Tischtennisball oder ein Wattebällchen über den Tisch blasen, daraus kann ein Tischfußball mit Bauklotz-Toren oder ein Hindernislauf um Hindernisse aus Bauklötzchen entstehen.
- Pustepapier: Ein Stück Seidenpapier oder Zeitungspapier an die Wand halten, dann kräftig darauf blasen und die Hand wegnehmen. Das Papier wird durch den Luftstrom gegen die Wand gedrückt. Daraus kann ein kleines Wettspiel werden, wer am längsten sein Papier an der Wand halten kann, bevor es zu Boden rutscht.

Atmen

Die Atmung funktioniert einfach so, ohne dass man darüber nachdenken muss, denn es ist eine vegetative Funktion des Körpers. Doch auf das richtige Atmen kommt es an, wenn es ums Sprechen geht, denn die Atmung beeinflusst die Stimme. Einer kurzen, flachen Atmung fehlt der Luftdruck, um mit Nachdruck etwas sagen zu können. Entsprechend ist die Wirkung auf den Zuhörer. Sind wir „außer Atem", etwa weil wir Stress oder Angst haben, versagt die Stimme und nur kurze Satzbrocken kommen stockend hervor. Das ist für beide, für den Erzähler und den Zuhörer, sehr anstrengend, macht nervös oder aggressiv. Auf diesen Zusammenhang von Atmen und Sprechen sollten Sie die Kinder aufmerksam machen. Sollte einmal ein Kind atemlos vor Aufregung vor Ihnen stehen und kein Wort herausbringen, dann ist das eine gute Gelegenheit, den Atemtrick zu zeigen: Dreimal tief ein- und ebenso tief ausatmen. Schon gibt es Atemluft zum Sprechen.

Sprechen heißt Ausatmen

Das Ausatmen ist genauso wichtig wie das Einatmen. Beim Einatmen holen wir frische, sauerstoffreiche Luft in die Lungen. Doch wenn dort noch alte, verbrauchte Luft steckt und die ganze Lunge ausfüllt, kann die neue, frische Luft nicht hinein. Also das Ausatmen nicht vergessen, wenn tief eingeatmet werden soll!
Beim Sprechen muss der Luftstrom gut dosiert wieder herausgelassen werden. Kann das Kind nicht ausreichend Luft einatmen, folglich nicht richtig ausatmen, ist sein Sprechen beeinträchtigt. Es spricht dann nur halbe Sätze aus oder lässt die Endsilben weg, weil die Luft nicht ausreicht.
Bei Kindern, die zu heftig einatmen und beim Sprechen genauso heftig die Luft entweichen lassen, können sich ebenfalls

Sprechstörungen einstellen. Sie versuchen, in einem kurzen Atemstoß und mit viel Luftdruck so viele Wörter wie möglich auszusprechen und lassen bei diesem hastigen Sprechen Wortsilben oder Satzteile aus.

Alles Koordinationssache

Richtiges Sprechen ist zwar eine wahre Kunstfertigkeit, weil gleichzeitig die Atemluft richtig dosiert, die gesamte Mundmuskulatur richtig eingesetzt und alle Sprechmechanismen koordiniert werden müssen. Doch das hört sich komplizierter an als es ist, denn alles läuft quasi automatisch ab. Mit wenigen und einfachen Übungen lassen sich beginnende Fehlentwicklungen korrigieren, immer vorausgesetzt, dass keine organischen Beeinträchtigungen vorliegen. Wenn Kinder Schwierigkeiten mit ihrer Mundmotorik haben, dann können die nachfolgenden Atemspiele gute Dienste leisten. Mit ihnen machen wir den Kindern bewusst:
- dass wir auf verschiedene Weise atmen, automatisch und bewusst,
- dass wir beim Einatmen die Luft an verschiedene Körperstellen schicken, in den Brustkorb bzw. „tief in den Bauch",
- dass wir die Atemluft im Körper festhalten können,
- dass wir beim Ausatmen genau bestimmen können, wie viel Luft wir wieder aus dem Körper herauslassen wollen,
- dass wir zum Sprechen und Lachen und Singen immer die Luft brauchen, die wir gleichzeitig ausatmen.
  Das alles können die Kinder bei sich selber entdecken und ihre Selbstbeobachtungen untereinander austauschen.

Lieblingsduft

- *Mitspieler:* Kleine oder große Gruppe, Kinder ab 4 Jahren.
- *Spieldurchführung:* Um bewusst das Einatmen zu aktivieren, stellen sich die Kinder etwas vor, was sie gerne riechen, z. B. eine Blume, Mamas Kopfkissen oder einen Schokoladekuchen. Dann geht es weiter mit diesen Spielen, wobei jedes Atemspiel nur wenige Male wiederholt werden sollte, es könnte den Kindern sonst schwindelig werden.
- Im Sitzen atmen: Die Kinder sitzen, atmen tief ein und denken dabei an ihren Lieblingsduft. Wer schafft es, ganz viel Luft einzuatmen, ohne die Schultern hochzuziehen? Tiefes Ausatmen nicht vergessen!
- Im Liegen atmen: Nun kommt die Bauchatmung dran. Alle Kinder liegen auf dem Rücken, die Arme und Beine sind locker und entspannt. Jetzt wieder einatmen, langsam, ruhig und gleichmäßig. Geben Sie die Anweisungen immer mit einer ruhigen Stimme. Wo im Körper sammelt sich die Atemluft? Nun ebenso ruhig und bewusst die Luft wieder herauslassen und ausatmen. Wer kann mit den Händen spüren, dass sich der Bauch beim Ein- und Ausatmen auf und ab bewegt?
- Im Stehen atmen: Wer kann im Stehen tief in den Bauch den Atem hineinziehen? Achtung, immer auch das Ausatmen beachten!

 Bärentöne

Wenn die Kinder beim Ausatmen einen tiefen Bärenton von sich geben, geht es noch besser. Daraus entsteht dieses Wettspiel:
- *Mitspieler:* Kleine oder große Gruppe, Kinder ab 3 Jahren
- *Spielvorbereitung:* Alle Mitspieler stellen sich im Kreis auf.
- *Spieldurchführung:* Auf ein Zeichen hin atmen alle kräftig ein und brummen so lange ihren Bärenton, wie sie können. Wem die Puste ausgeht, der setzt sich still auf den Boden.

Sprach- und Sprechstörungen

Die drei häufigsten Sprechstörungen von Kindergartenkindern sind Stottern, Poltern und Stammeln. Doch nur teilweise sind Auffälligkeiten auch gleich Störungen, denn alters- bzw. entwicklungsbedingt ist die Sprechmotorik mancher Kinder noch nicht ausreichend ausgebildet und trainiert. Bei Kindern bis etwa 5 Jahren sind diese Auffälligkeiten also zunächst kein Grund zur Sorge. Doch bis zum Schuleintrittsalter sollten diese Störungen überwunden sein. Ist das nicht der Fall, dann sollte eine Logopädin zur Beobachtung des Kindes und zur Beratung eingeladen werden.

Übrigens: In einer logopädischen Therapie lernen die Kinder das Sprechen mit vielen fantasievollen und spielerischen Übungen, auch mit Spielsachen, die die Kinder vom Kindergarten her kennen. Diese Information könnte besorgte Eltern beruhigen.

Stottern

Stottern ist ein gehemmter Redefluss. Man weiß nicht eindeutig, woher das Stottern kommt oder wie es ausgelöst wird. Aber man weiß, dass Stottern meist abhängig ist vom Gesprächspartner und von Stress-Situationen. Fast alle Kinder durchlaufen eine Phase des Stotterns, man nennt es das Entwicklungsstottern, das genauso plötzlich verschwindet, wie es aufgetreten ist. Ein Kind kann allerdings sein Stottern nicht bewusst abstellen. Deshalb sind gute Ratschläge wie „sprich langsam" völlig unsinnig und bewirken meist das Gegenteil, nämlich Sprechhemmungen.

Poltern

Poltern ist ein hastiger, etwas zu schneller Sprachfluss, wobei Silben, Wörter und Satzteile weggelassen oder zusammengezogen werden. Auch das Poltern ist eine ganz normale Erscheinung der Sprachentwicklung. Sie sollte jedoch bei 5- bis 6-jährigen Kindern wieder verschwunden sein.

Stammeln und Lispeln

Wenn einzelne Laute oder Lautverbindungen nicht richtig ausgesprochen werden, spricht man von Stammeln. Im schlimmsten Fall versteht man das Kind gar nicht mehr. Eine harmlose Form des Stammelns ist das Lispeln. Jedes Kind macht in seiner Sprachentwicklung eine Phase des so genannten Entwicklungsstammelns durch. Auch hier gilt die Faustregel, dass zum Ende der Kindergartenzeit die Störung überwunden sein sollte.

Taktile Kommunikation

Sie wird auch haptische Kommunikation genannt und beruht auf körperlichen Berührungen. Solche Kommunikationsberührungen sind z. B. Umarmen, Händeschütteln, Schulterklopfen, Knuffen und Boxen, Schmusen und Streicheln, Kuscheln und Küssen. Die taktile Kommunikation beginnt zwischen Mutter und Kind in dem Moment, in dem das Neugeborene in den Arm genommen wird. Das Kind spürt Geborgenheit, Körperwärme, die streichelnde Hand, es spürt Zuwendung und Liebe. Die Berührungsreize verfehlen ihre Wirkung nicht, denn der Säugling lässt sich mit zartem Streicheln, sanftem Wiegen und achtsamem Festhalten beruhigen. Die Körperempfindungen des kleinen Kindes werden zuerst nur als Wohl- oder Unbehagen registriert. Mit den Monaten nimmt es sie aber immer differenzierter wahr. Das kommt daher, dass im Gehirn die unzähligen Reize der taktilen

Wahrnehmung gespeichert werden. Diese Informationen stehen dann als Erfahrungsschatz und Vergleichsbasis zur Verfügung. Ein zweijähriges Kind kann bereits sehr empfindsam Berührungen erkennen, lokalisieren und die feinen Unterschiede einer Berührung spüren. Wie der enge Körperkontakt zwischen Mutter und Kind fortgesetzt wird, das bestimmen kulturelle und familiäre Gewohnheiten. Interessant ist die Beobachtung, dass bei Naturvölkern der Körperkontakt viel intensiver ist als bei so genannten hochzivilisierten Menschen.

Urvertrauen

Die taktile Kommunikation beeinflusst das Wohlbefinden des Kindes, gibt ihm das Gefühl von Schutz und Geborgenheit und löst Urvertrauen im Kind aus. Ein Verhalten, das die Basis ist für alle weiteren Sozialkontakte und für jedes weitere Umweltlernen. Die taktile Kommunikation wirkt sich also auf die emotionale, soziale und auch intellektuelle Entwicklung aus.

Störungen

Den meisten Kindern gefällt es, dicht beieinander zu sitzen, sich an den Händen zu halten oder in der Schmusecke miteinander zu kuscheln. Sie befühlen ihre Haare, tätscheln ihre weichen Wollpullover, kitzeln sich am Bauch und haben sichtliches Vergnügen an diesem Körperkontakt. Doch es gibt auch Kinder, die solche Berührungen vermeiden; sie wollen weder in den Arm genommen werden noch ertragen sie es, wenn andere dicht an ihre Seite rücken. Sie erschrecken beinahe, wenn man ihnen zu nahe kommt. Das kann eine Eigenheit des Kindes sein, die jeder respektieren sollte. Oder das Kind ist von zu Hause her ein Schmusen nicht gewohnt. Es kann ebenso sein, dass das Kind bei Körperkontakten unangenehme Erfahrungen machte, vielleicht unsanft zurückgewiesen wurde oder, schlimmstenfalls, missbraucht wird.

Bleiben Sie diesem Kind gegenüber aufmerksam, beachten Sie sein Verhalten bei Begegnungen mit anderen, beachten Sie seine Rollenspiele, seine Zeichnungen, seine Art zu spielen oder etwas zu erzählen. Wenn Sie dann das Gefühl haben, dass sich das Kind immer noch ungewöhnlich verhält, holen Sie sich Hilfe von einem psychologisch geschulten Experten, der Ihnen und vor allem dem Kind mit Rat und Tat zur Seite stehen kann.

Spiele mit Berührungen

Bei diesen Spielen sehen, spüren, erfahren und lernen die Kinder, wie aufmerksam und behutsam man bei Körperkontakten miteinander umgeht. Achten Sie darauf, dass bei diesem Spiel keine Werturteile fallen, sondern jedes Kind so akzeptiert und respektiert wird, wie es ist.

Blinde Kuh

Dieses Spiel ist ein beliebter Klassiker unter den Kinderspielen, bei dem auch heute noch die Kinder einen Riesenspaß haben.
- *Mitspieler:* Kleine Gruppe, Kinder ab 3 Jahren.
- *Material:* Tuch oder Schlafbrille.
- *Spieldurchführung:* Alle Kinder stehen im Kreis. Ein Kind bekommt die Augen verbunden, geht auf einen Mitspieler zu und versucht durch Tasten zu erraten, wer das ist. Dabei sollte es auch mit Worten beschreiben, was es fühlt und spürt.

Der Händedruck

Wer auf den Händedruck achtet, spürt, ob er fest oder lasch, kräftig oder kraftlos ist und ob die Hand kalt oder warm, feucht oder trocken ist. Diese taktilen Informationen beeinflussen unsere Haltung gegenüber diesem Menschen, der uns seine Hand reicht. Unbewusst werden dabei die Sympathie- oder Antipathie-Gefühle aktiviert. Beim Händedruck spürt man auch Distanz oder Freundlichkeit, Angst oder Aggression.

Begrüßungsrituale

Bei einer Begrüßung geben sich die Menschen die Hand - aber das ist nicht überall der Brauch! Es ist spannend, die Begrüßungsrituale anderer Länder zu betrachten. Darüber können Sie mit den Kindern reden, vor allem dann, wenn in Ihrer Kindergruppe unterschiedliche Nationalitäten vertreten sind.
Jeder kann sagen, welche Begrüßungsform er gewohnt ist, was ihm gefällt und was nicht. Achten Sie bei diesem Gespräch darauf, dass die Unterhaltung nicht mit wertenden Kommentaren geführt wird und die Neugierde und das Interesse am Ungewohnten erhalten bleibt bzw. aktiviert wird.

– In Italien begrüßt man sich mit Handschlag, kennt man sich besser, wird umarmt und geküsst.
– In Frankreich begrüßt man sich mit kurzem Händedruck, Freude küssen sich je einmal links und rechts auf die Wange, in manchen Gegenden öfters. Sich umarmen ist nicht üblich.
– In Spanien ist alles möglich, je nach Vertrautheit gibt es Händedruck, Umarmungen, Küsschen auf beide Wangen und Schulterklopfen.
– In Großbritannien gibt man sich nur bei der ersten Begegnung und bei offiziellen Anlässen die Hand.
– In Holland schüttelt man sich die Hände. Wer lieber küsst, kann dies gleich dreimal tun.

- In Skandinavien begrüßt man sich mit Handschlag, Umarmungen sind selten, in Finnland sind sie unüblich.
- In Griechenland gibt man sich beim Begrüßen normalerweise nicht die Hand, umarmen oder freundschaftlich auf die Schulter klopfen tun sich nur Freunde und Verwandte.
- In der Türkei begrüßt man sich mit Wangenkuss, gegenüber dem anderen Geschlecht ist Zurückhaltung geboten und der Kuss wird nur angedeutet. Wer beim Händedruck länger festhält, bringt damit seine Wertschätzung gegenüber dem anderen zum Ausdruck.
- In Russland reicht man sich die Hand, nur Freunde und Verwandte umarmen und küssen sich, die Damen werden mit Handkuss geehrt.

 Wie begrüßt du jemanden?

Die Vielfalt der Begrüßungs- und Berührungs-Rituale ist groß. Wollen die Kinder alles mal ausprobieren? Also Händeschütteln, Hände lange oder kurz festhalten, sich dabei anschauen oder nicht, Hand aufs Herz oder Hände mit den Innenflächen gegeneinander vor der Stirn, Handküsse oder angedeutete Wangenküsse, rechts oder links.

- *Mitspieler:* Große oder kleine Gruppe, Kinder ab 5 Jahren
- *Spielvorbereitung:* Alle Kinder stehen im Kreis.

- **Spieldurchführung:** Wer will, zeigt den anderen, wie er jemanden begrüßt. Mit Ihren unterschiedlichen Fragen können Sie den Verlauf des Spieles lenken, z. B.
  - Wie begrüßt ihr euch zu Hause?
  - Wie begrüßt du deine Freunde?
  - Wie begrüßt du Fremde?
  - Aus welchem Land kommen deine Eltern und wie begrüßt man sich dort?
  - Welche Begrüßung gefällt dir am besten?

Symbolische Kommunikation

Symbole als Sinnbilder oder Erkennungszeichen liegen der Sprache grundsätzlich zugrunde. Schließlich sind Wörter nichts anderes als Lautsymbole für Dinge, Gefühle und Zustände. Als symbolische Kommunikation im engeren Sinne gilt die weitere Verschlüsselung bzw. Verständigung mit Zeichen, wie sie etwa im Straßenverkehr mit Verkehrsschildern, in der Schifffahrt mit Flaggensymbolen oder bei der Zeichensprache mit Finger- oder Armgesten zu finden sind. Auch Geheimschrift ist eine Symbolsprache, da sie zuerst in die wirkliche Sprache übersetzt werden muss, um verstanden zu werden.

 ### Was heißt das?

Eine Mischung aus „sprechender" Gestik und Symbolen, die schnell verständlich sind, kommt bei diesem Spiel zum Einsatz. Die Kinder können weitere Gesten erfinden und gemeinsam Bedeutungen für diese neuen Symbole festlegen.
- **Mitspieler:** Kleine oder große Gruppe, Kinder ab 4 Jahren.
- **Spielvorbereitung:** Alle sitzen so, dass sie sich gut sehen können. Wer etwas vorspielt, steht auf.
- **Spielregel:** Einer spielt ein Signal vor, wer es versteht, sagt die Bedeutung und spielt es nach. Beispiele:

- Mit den Händen herwinken = Komm her!
- Finger auf die Lippen legen = Sei still!
- Die Nase mit zwei Fingern zuhalten = Es stinkt!
- Den Mund verziehen und sich am Kopf kratzen = Das verstehe ich nicht!
- An die Stirn tippen = Du spinnst!
- Seufzen, Schultern hochziehen und fallen lassen = Ich habe ein Problem!
- In die Luft schauen und mit den Fingern auf den Tisch trommeln = Ich bin ungeduldig!

Zeichensprache erfinden

- *Mitspieler:* Kleine Gruppe, Kinder ab 5 Jahren.
- *Spielvorbereitung:* Berichten Sie den Kindern von der Blindensprache und Flaggensprache, bei denen gut fühlbare bzw. weithin sichtbare Symbole für die Kommunikation eingesetzt werden. Das könnte die Kinder animieren, selbst eine Zeichensprache zu erfinden.
- *Spieldurchführung:* Wer eine Idee hat, zeigt das Zeichen den anderen, alle stimmen ab, ob es verständlich ist oder ob sie etwas daran ändern wollen. Anschließend wird das Zeichen ausprobiert. In der ersten Spielrunde könnten Sie etwa dieses Zeichen vorstellen: Mit hochgestreckten Armen in die Hände klatschen heißt: „Alle mal herkommen!"

Weitere Zeichen könnten z. B. für diese Mitteilungen ausgedacht werden:
- Ganz still sein!
- Alle setzen sich!
- Wer spielt mit mir?
- Du hast mich geärgert!
- Entschuldigung!
- Alles ist o.k.!

Olfaktorische Kommunikation

Auch Gerüche sind Signale, Informationen, Botschaften, die sich bewusst zur Kommunikation einsetzen lassen. Der Wohlgeruch eines Parfüms trägt eine Bedeutung ebenso wie der Duft frischer Brötchen oder der hygienische Zitronen- oder Orangenduft von Spülmitteln und Haushaltsreinigern.

Die Welt der Gerüche

Der Geruchssinn ist der einzige Sinn, der beim Neugeborenen voll ausgebildet ist und auch gleich bestens funktioniert. Das Neugeborene erkennt nach dem ersten Körperkontakt mit seiner Mutter diese wichtige Person am Geruch. Erst Wochen später sind die anderen Sinne funktionsfähig entwickelt, zuerst das differenzierte Hören und später das genaue Sehen.
Jeder Mensch hat seinen ganz individuellen Geruch, unverwechselbar und einmalig, und der Körpergeruch eines Menschen steuert Sympathie und Antipathie und beeinflusst unsere Gefühle. So kommt es, dass wir den einen „gut riechen" können und der andere uns „stinkt", wie es die Redensarten so treffend zum Ausdruck bringen.
Mit der riechenden Wahrnehmung erleben wir die Umwelt, lernen Räume, Orte, Dinge und Menschen kennen. Ein Wohlgeruch lässt positive Gefühle und Vertrauen aufkommen. Bei einem unangenehmen Geruch wittern wir Gefahren oder fühlen uns einfach nur unwohl.

Erinnerung und Orientierung

Gerüche wecken Erinnerungen an Begegnungen oder Ereignisse, z.B. erinnert der Geruch von frisch gespitzten Bleistiften und neuen Büchern an den ersten Schultag oder „es riecht wie bei Oma". Weitere typische Gerüche sind z.B. der erdig-feuchte

Waldgeruch, der muffige Kellergeruch, der hygienische Zahnarztgeruch oder der stimmungsvolle Weihnachtsgeruch.
Das Gehirn registriert die Düfte, speichert sie mit den Erlebnissen und lässt Erinnerungsbilder zusammen mit den damals empfundenen Gefühlen wieder ins Bewusstsein aufsteigen, wenn der gleiche Duft in die Nase steigt.
Düfte lassen Bedürfnisse und Wünsche aufkommen, z. B. weckt der frische Brötchenduft den Frühstückshunger, der Geruch von Süßigkeiten im Warenhaus lockt zum Kaufen und Parfüms sollen dazu verführen, dass andere einen „gut riechen" können.

Schnupper-Spiele

Auch wenn uns die Düfte und Gerüche stark beeinflussen, haben wird kaum Worte, diese zu beschreiben. Da bleibt die Sprache zurück, wo die Nase vorn ist! Wir beschreiben Gerüche mit sichtbaren Dingen, wir vergleichen und sagen „es riecht wie ..." oder „es riecht nach ..."
Kinder haben die besten Schnuppernasen. Mit den nachfolgenden Spielen wird ihnen diese besondere Fähigkeit bewusst. Es geht um das bewusste Erleben von Gerüchen, um das Erkennen von unterschiedlichen Düften und um viele Worte, diese zu benennen.

Schnupper-Spaziergang

Die Gerüche des Kindergartens kennen die Kinder längst, jetzt wird ein Spiel daraus.
- *Mitspieler:* Kleine Gruppe, Kinder ab 4 Jahren.
- *Spieldurchführung:* Die Gruppe wandert in alle Räume des Kindergartens, z. B. Gruppenraum, Gang, Küche, Waschraum, Keller, Bastelraum, Turnraum und was es sonst noch alles an Räumen gibt. In jedem Raum schnuppern die Kinder und sagen mit ihren Worten, was sie riechen. Da können auch

Fantasiewörter dabei sein. Und dann entscheidet jedes Kind für sich, ob ihm der Geruch gefällt oder nicht gefällt und warum. Jeder sollte dabei zu Wort kommen.

Das rieche ich gern

- *Mitspieler:* Kleine Gruppe, Kinder ab 4 Jahren.
- *Material:* Gut riechende Sachen aus allen Räumen.
- *Spielvorbereitung:* Alle Kinder ziehen los und suchen nach etwas, das sie gerne riechen, das kann alles sein, z. B. Seifen, Cremes, Obst, Gemüse, Kleidungsstücke oder Bastelsachen.
- *Spieldurchführung:* Jedes Kind stellt den anderen seinen Gegenstand vor, findet ein Wort für den Geruch und lässt alle Kinder daran schnuppern.

Ganzheitliche Sprachförderung

Sprache erleben

Es bleibt dabei, ein Kind muss seine Sprache erleben, wenn es diese lernen will, es muss die Wörter begreifen, um sie zu verstehen. Das heißt, die Sprachentwicklung des Kindes ist eng verbunden mit der körperlichen, emotionalen, sozialen und intellektuellen Entwicklung des Kindes (Thema des ersten Kapitels). Und das heißt, dass Sprechen nicht die einzige Form der Mitteilung ist, sondern auf nonverbaler Ebene weitere und ergänzende Informationen vermittelt werden (Thema des zweiten Kapitels). In diesem dritten Kapitel geht es um einen weiteren, wichtigen Aspekt: Das Zusammenspiel von Bewegung, Sinneswahrnehmung und Sprachentwicklung, verbunden mit Erkenntnissen, die sich auf eine gezielte, geplante Sprachförderung auswirken.

Wie kann ein Kind lernen, was z. B. rund oder eckig ist, was duftet oder muffelt, was bitter oder süß schmeckt, was rau oder glatt ist? Fehlt dafür das eigene Erleben, also das Tasten, Riechen, Schmecken, sind die Begriffe leere Worthülsen und werden schnell wieder vergessen.

Wörter begreifen

Hier ein paar Beispiele, die zeigen, auf welchem Weg die Kinder die Wörter der Sprache lernen, verstehen, behalten und einsetzen können: Das Kind bekommt einen Ball geschenkt und hört: „Das ist ein Ball!" Es hält den Ball mit seinen Händen fest und spürt die runde, glatte, pralle Form. Es wirft den Ball weg, er fällt zu Boden, hüpft davon, rollt weiter und bleibt schließlich liegen. Das Kind schaut dem Ball nach, hört das Aufprallen, läuft hinterher, spürt die Geschwindigkeit als schnelle Bewegung, sieht die Entfernung zum Ball als Wegstrecke, bückt sich, um den Ball wieder aufzuheben. Mit diesem kleinen Ballspiel konnte das Kind viele Erfahrungen sammeln, und was ein Ball ist, das weiß es jetzt eigener Erfahrung.

So ist es auch mit dem berühmten Wörtchen „heiß". Ein Wort, das die Erwachsenen so streng mit erhobenem Zeigefinger aussprechen. Neugierige Kinder wollen jetzt erst recht wissen, wie sich das „heiß" anfühlt, was man da tastet, fühlt, riecht und sieht. Und wer das „heiß" nicht selbst einmal gespürt hat, hat das Wort noch nicht verstanden. Auch der Löwe im Bilderbuch ist nur ein Wort und ein buntes Bild, aber noch lange nicht der lebendige Löwe, den man in einem Zoo sehen, hören und riechen kann – und auf das Anfassen verzichten die Kinder von selbst, wenn sie die augenscheinliche Bedrohlichkeit dieses Tiers spüren.

Je mehr sinnliche Erfahrungen mit den Begriffen verbunden sind, desto besser wird das Wort in seinem ganzen Sprachumfeld und den dazugehörigen Assoziationen gelernt. Die sinnliche Vorstellungskraft der Kinder ist groß, jedoch nur, wenn sie auf entsprechende Erfahrungen zurückgreifen können.

Intellektuelle Leistung

Die intellektuelle Sprachleistung des Kindes besteht darin, die existierende Außenwelt in eine abstrakte, gedankliche Innenwelt zu übertragen, dort zu verarbeiten, zu speichern und als Sprach- und Wortschatz im Gedächtnis festzuhalten. Diese gedankliche Arbeit können wir keinem Kind abnehmen. Aber wir können die Kinder dabei mit vielseitigen Spielangeboten unterstützen.

Worte hören, Worte spüren

Hier können alle Kinder mitmachen. Für die einen ist es ein lustvolles Naturerleben, für die anderen ein Sprache- und Wörterlernen.

- *Mitspieler:* 5 bis 8 Kinder ab 4 Jahren.
- *Spielverlauf:* Das Spiel besteht aus drei Teilen, zuerst sind die Kinder im Gruppenraum, dann im Garten, zum Schluss wieder im Gruppenraum.
- *Spieldurchführung:*

1. Teil: Die Kinder, die mitmachen wollen, kommen zusammen. Als Spielleiterin fragen Sie z. B.: „Was ist eine Baumrinde?" Wer es weiß, versucht sein Wissen in Worte zu fassen. Alle Antworten werden akzeptiert und keine Aussage wird korrigiert, auch wenn sie falsch wäre.

2. Teil: Die Kinder gehen in den Garten, schauen sich nach einem Baum um, spüren die Rinde, fühlen und tasten, klopfen, reiben, riechen und schauen ganz genau. Dafür bleibt ausreichend Zeit.

3. Teil: Die Naturforschergruppe trifft sich drinnen. Sie stellen wieder die Anfangsfrage: „Was ist eine Baumrinde?" Diesmal werden alle Kinder etwas wissen und reden wollen, deshalb geht es reihum, sodass jeder seine Antwort geben kann.

Das könnten weitere Fragen sein:
– Was ist ein Blatt?
– Was ist ein Gänseblümchen?
– Was ist ein Kieselstein?
– Was ist Erde?
– Was ist Wasser?

Wörter bleiben im Kopf

Zu Beginn dieses Spiels fordern Sie ein Kind auf, ein Wort zu sagen, was ihm gerade so einfällt. Dann fragen Sie, wo das Wort gesteckt hat. Die Kinder überlegen und suchen nach Antworten. Ein Gespräch beginnt. Erst nach einiger Zeit erklären Sie die Gedächtnisleistung etwa so:
– Die Worte, die wir hören, gelangen in den Kopf.
– Im Kopf können alle Wörter aufbewahrt werden.
– Den Aufbewahrungsort nennt man Gedächtnis.
– Im Gedächtnis von jedem Kind sind bereits viele Wörter drin.
- *Mitspieler:* Kleine Gruppe, Kinder ab 5 Jahren.
- *Material:* Dinge, die die Kinder noch nicht kennen, z. B. unbekannte Musikinstrumente wie eine Okarina, seltsame Küchensachen wie den Quirl oder fremdes Handwerkszeug wie eine Ahle.
- *Spieldurchführung:* Sie zeigen den Kindern die Gegenstände, sagen die Namen und reichen alles herum, damit die Kinder es anfassen, beschnuppern und abtasten können. Dann sammeln Sie die Sachen wieder ein, legen sie unter ein Tuch, sodass nichts mehr zu sehen ist, und fragen die Kinder, ob sie sich noch an die Namen erinnern können. Die Antworten bleiben sicher nicht aus. Dann kommt die zweite Frage: Wo sind die Wörter, die die Kinder gehört haben, hingekommen? Die Antwort: In den Kopf, ins Gedächtnis! Aber darauf sollten die Kinder selber kommen.

Kindliche Neugierde

Das Kind weiß selbst ganz genau, wie es am besten Sprache lernt und sich Weltwissen aneignet. „Selber!" heißt das Zauberwort, das schon die Kleinen rufen, um den Erwachsenen klar zu machen, wie sehr sie am Selbermachen und Selbererfahren interessiert sind. Oft wird diese Wissbegierde der Kinder von ängstlichen Erwachsenen aufgehalten und den kleinen Forschern alles wieder aus den Händen genommen. Sie könnten sich ja verletzen, wehtun oder etwas kaputtmachen. Hier erleben zwei Interessenten mit unterschiedlicher Motivation eine Situation: das neugierige Kind und der besorgte Erwachsene.

Doch die kindliche Neugierde wird von einer starken Antriebskraft gesteuert. Das Kind sucht weiterhin unbeirrt nach aktiven Auseinandersetzungen mit den Dingen der Umwelt. Dieser Neugiertrieb ist von Geburt an vorhanden und trägt zu einer stetigen Steigerung der Wahrnehmungsleistung bei. Dieses Neugierverhalten braucht der Mensch, um sich in der Welt zurechtzufinden.

Bietet die Umwelt vielseitige Anregungen, wird die Forscheraktivität des Kindes gefördert. Bietet die Umgebung nur spärliche oder gar keine Anreize, lässt die kindliche Neugierde nach, die Sinneswahrnehmung wird gehemmt, die Wahrnehmungsleistung gestört, und alles wirkt sich negativ auf die Sprachentwicklung des Kindes aus.

Wechselbeziehungen

Die Voraussetzung für die Sprachentwicklung ist also eine gesunde Entwicklung der Sinneswahrnehmungen. Und wer die Sprachleistung des Kinder fördern möchte, muss vor allem die Wahrnehmungsleistung anregen. Doch wer die Wahrnehmungsleistung fördern will, muss auch die körperliche Beweglichkeit des Kindes aktivieren, denn bei Kindern ist eine Sinneswahrnehmung mit Handlungen verbunden. Es muss sich bewegen, vorwärts kommen, sich hochstrecken, etwas greifen, etwas holen, etwas auseinander nehmen, wenn es tasten, riechen, schmecken, hören oder fühlen will. Kurzum: Wahrnehmungs- und Bewegungsfähigkeit sind miteinander verbunden, voneinander abhängig und tragen beide zur Entwicklung der Sprache bei.

Was muss ich tun ...

Bei diesem Spiel überlegen die Kinder, was sie tun wollen, um mit den Sinnen etwas zu erfahren.
- *Mitspieler:* Kleine Gruppe, Kinder ab 5 Jahren
- *Spielvorbereitung:* Die Kinder sitzen in einem Kreis, sodass jeder die anderen sieht und gut hört.
- *Spieldurchführung:* Sie stellen als Spielleiter eine Aufgabe. Alle Mitspieler denken nach. Wer will, sagt den anderen seine Überlegungen - und führt es auch gleich vor.

Hier Beispiele für die Aufgaben:
Was muss ich tun, wenn ich ...
- etwas riechen will.
- etwas trinken will.
- ein Bilderbuch anschauen will.
- eine Musikkassette hören will.
- das Glockenspiel hören will.
- etwas Weiches spüren will.
- etwas Schweres spüren will.

Fernsehkinder

Untersuchungen zeigen, dass viele Kinder unter einem Mangel an Entwicklungsreizen leiden. Sie leben in einer Umwelt, die ihnen viel zu wenig sinnliche Erfahrung, Körperkontakt und Bewegungsmöglichkeit bietet. Dieses Defizit ist oft verbunden mit einer visuellen und akustischen Überstimulierung. Dazu tragen die Medien bei. Ein Fernseher riecht nicht, die Bilder im Monitor kann man nicht aufessen, schmecken, spüren oder betasten. Wenn die Wahrnehmung zu einseitig wird, weil die anderen Sinne keine Informationen zu dem gerade Erlebten beisteuern, dann kommen im Gehirn nur spärliche Informationen an.

Fernsehen und Fernspüren

Um den Kindern die Einseitigkeit des Fernsehschauens zu zeigen, kann dieses Spiel durchgeführt werden.
- *Mitspieler:* Kleine Gruppe, Kinder ab 5 Jahren.
- *Material:* Möglichst großer Verpackungskarton, Schere oder Teppichschneider, Fingerfarben.
- *Spielvorbereitung:* In einen großen Karton wird ein Loch als Monitor geschnitten. Die Kartonwände werden angemalt, wie es den Kindern gefällt.
- *Spieldurchführung:* Die Kinder gestalten eine Fernsehsendung, denken sich ein Thema aus, sammeln Materialien dazu, besprechen die Szene und verteilen die Rollen. Es ist wie ein kleines Theaterstück, das hinter dem selbst gebastelten Monitor aufgeführt wird. Als Fernsehprogramm können die Kinder etwas erzählen, basteln, kochen oder spielen.
Und nun das Wichtigste: Die Spieler im Fernseher reichen den Zuschauern vor dem Fernsehgerät etwas heraus, etwas zum Riechen, Essen, Anfassen, Mitmachen. Das ist der besondere Effekt dieses Spiels.
Das könnten solche „Sendungen" sein:
– Natursendung: Zwei bis vier Kinder sind Reporter und erzählen über den Wald, wie der Waldboden duftet (sie reichen eine Handvoll Erde den Zuschauern), wie die Tannenzweige riechen und pieken (ein Zweig wird herausgereicht), wie sich ein trockener Tannenzapfen anfühlt und in eine Rätsche verwandelt wird, wenn man mit den Fingernägeln über die Zapfen kratzt (herausreichen und nachmachen lassen), wie der Boden knackt, wenn man auf Zweige tritt (Zweige den Zuschauern geben, damit sie diese zerbrechen und was man sonst noch alles finden und einsammeln kann (alles wird den Zuschauern herausgereicht, damit sie selbst fühlen, tasten, riechen, wovon die Reporter im Fernsehen berichten).
– Kochsendung: Ein Kuchen wird gerührt, ein Müsli zubereitet

oder Obst wird geschält und geschnitten. Die Zuschauer dürfen riechen, probieren und selber Hand anlegen, z. B. etwas mischen oder schneiden; was sie dazu brauchen, bekommen sie aus dem Fernsehgerät gereicht.
- Bastelsendung: Aus Knete werden Männchen geformt, aus Papier ein Flieger gefaltet, mit Malkreiden Bilder gemalt, es kann geklebt, geschnitten und geflochten werden. Was immer die Kinder im Fernsehen basteln, machen auch die Fernsehzuschauer mit.

Am Schluss jeder Sendung besprechen die Kinder, was ihnen gefallen hat und wie und warum diese Fernsehsendungen anders sind.

Störungen

Kinder mit Wahrnehmungsstörungen weisen immer auch Entwicklungs- und Lernstörungen auf. Sie können sich beispielsweise nicht lange konzentrieren, behalten nur mühsam etwas im Gedächtnis, lassen sich schnell ablenken und stören dann auch die anderen. Auch motorische Störungen gehen in der Regel Hand in Hand mit einer langsameren Entwicklung sprachlich-intellektueller Fähigkeiten. Bewegungsunsicherheiten, mangelndes Körpergefühl und Gleichgewichtsempfinden äußern sich bei manchen Kindern in einer Art Tollpatschigkeit. Sie fallen und stolpern, rempeln an, stoßen um und lassen ständig etwas fallen. Dadurch werden sie zusätzlich verunsichert und stehen unter Stress.

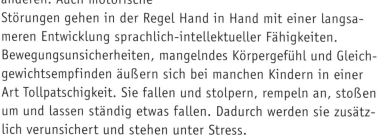

Ausgleich und Förderung

Um die Sensibilität der Sinne und die Aktivität der Körperbewegungen zu fördern, sollten die Kinder viel selber machen, entdecken, erforschen, untersuchen und anderen davon erzählen können. Die Gelegenheit dazu geben Sie mit unterschiedlichsten Spielangeboten. So haben die Kinder eine Chance, das nachzuholen, was ihnen fehlt. Je früher eine Förderung der Sinneswahrnehmung und Motorik einsetzt, desto effektiver die Verbesserung und desto nachhaltiger der Erfolg.

Sprache und Bewegung

Die neurolinguistische Forschung weist nach, dass die Gedächtnisleistung optimal aktiviert ist, wenn der Körper sich dabei bewegt. Lernen geht also viel besser, wenn die Kinder dabei schaukeln, hüpfen, in die Hände klatschen oder mit dem Fuß wippen. Wer sie beim Wörterlernen oder Vokabelnbüffeln dazu ermahnt, still zu sitzen, der hat im Grunde die falsche Methode. Das Lernen wird mühsam, der Erfolg lässt auf sich warten.

Im Kindergarten haben wir ideales Spielmaterial, um den Kindern diese optimale Lernsituation anzubieten: Es sind die Kinderlieder, Spielreime, Fingerverse und alle Arten der Beschäftigung, die intellektuelle und körperliche Agilität fördern. Da werden die neuen Wörter geklatscht, getanzt, gehüpft, getrommelt, gespielt – und bleiben dabei besser im Gedächtnis haften. Das mag auch ein Grund sein, warum noch nach vielen Jahren die Erwachsenen ihre Kinderverse aus dem Kindergarten fehlerlos aufsagen können.

Wenn im Lauf der kindlichen Entwicklung die abstrakte Denkfähigkeit mehr und mehr zum Tragen kommt – auch das ist ein genetisch verankerter Prozess –, können Begriffe auch ohne eigenes Erleben begriffen, also verstanden und gelernt werden. Doch diese Denkleistung entwickelt sich erst im Verlauf des späten Kindergartenalters.

Linke und rechte Gehirnhälfte

Seit Jahren wird kontrovers diskutiert, ob mehr der genetische Anteil oder die frühkindliche Förderung die intellektuelle Leistung eines Kindes ausmachen. Doch darin sind sich alle einig: Wenn ein Kind die Sprache allein durch Zuhören und Nachsprechen erwirbt, aktiviert es in erster Linie die linke Gehirnhälfte. Eine bessere und nachhaltigere Sprachentwicklung lässt sich aber dadurch erreichen, dass auch die rechte Gehirnhälfte in Aktion tritt. Dann werden wesentlich mehr Verknüpfungen im Gehirn angelegt und damit mehr Informationen wieder abrufbar. Die rechte Gehirnhälfte wird dadurch aktiviert, dass beim Spracherwerb Bewegungen und Sinneswahrnehmungen mit einbezogen werden. Wenn in den entsprechenden Bereichen der beiden Gehirnhälften Botschaften ankommen, werden die vielseitigen Informationen miteinander verbunden und ein dichtes Netzwerk geknüpft. Und auf die Anzahl der Verbindungen der Nervenzellen, genannt Synapsen, kommt es bei einer Gedächtnisleistung an. Je mehr Verknüpfungen im Gehirn stattfinden können, desto höher die Sprachleistung, desto breiter der Wortschatz, desto umfangreicher das Wissen des Kindes. Bereits zwischen dem 6. und 9. Lebensmonat werden die Schaltstellen der beiden Gehirnhälften, auch Hemisphären genannt, miteinander verbunden. Nach 2 Jahren hat jede Nervenzelle etwa 15000 Verbindungen aufgebaut und das Hirn seine maximale Plastizität erreicht. Nicht benutzte Schaltstellen werden jetzt wieder abgebaut, aktivierte Schaltstellen ausgebaut. Mit zunehmendem Alter des Kindes wächst auch die Struktur des Gehirns, wird dichter und komplexer und beeinflusst die gesamte Wahrnehmungsleistung, von der auch die Sprachleistung abhängig ist. Dieser Prozess ist genetisch bedingt, kann jedoch durch äußere Anreize gefördert werden.

Die Wiese

Ein Wahrnehmungsspiel, bei dem die Kinder sich auf verschiedene Sinneskanäle konzentrieren, besser wahrnehmen und viele neue Wörter kennen lernen werden.
- *Mitspieler:* Große oder kleine Gruppe, Kinder ab 3 Jahren.
- *Spielvorbereitung:* Der Spielort ist draußen im Garten. Die Kinder liegen auf der Wiese. Jedes Kind hat ausreichend Platz.
- *Spielregel:* Keiner darf reden, alle hören nur zu und lassen ihren Sinneswahrnehmungen freien Lauf.
- *Spieldurchführung:* Sie stellen viele Fragen, mit denen Sie die Kinder auf sinnliche Wahrnehmungen aufmerksam machen. Dabei lenken Sie die Aufmerksamkeit der Kinder auf verschiedene Aspekte, die sie dann gezielt wahrnehmen. Lassen Sie den Kindern viel Zeit, damit diese alles mit eigenen Sinnen verfolgen können, was Sie mit Worten beschreiben.

So z.B. könnten Sie beginnen:
- Spürt ihr die Wiese? Pause.
- Der Boden ist uneben, spürt ihr die kleinen Berge und Täler, es sind Erhebungen oder Vertiefungen im Boden. Pause.
- Streckt die Arme aus und tastet mit den Händen den Boden ab. Pause.
- Klopft mit der Ferse auf den Boden. Ist er hart oder weich? Klopft mit den Händen auf die Wiese? Wie fühlt sich das an? Pause.
- Fühlen die Hände noch mehr? Vielleicht Gräser, Steinchen, Erdkrumen, Blätter, Blumen? Pause.
- Und nun setzt Euch auf und schaut Euren Liegeplatz an. Könnt ihr die Gräser sehen? Sind sie lang oder kurz? Pause.
- Zupft ein Gras ab, hört ihr das Geräusch beim Abreißen? Pause.
- Riecht an dem Grashalm. Ist der Duft stark oder schwach? Pause.

Wenn ringsum Blumen sind, könnten Sie die Namen der Blumen nennen, auf die Farben der Blüten und die Formen der Blätter hinweisen. Nach dem Wiesenspiel sitzen die Kinder zusammen und versuchen mit eigenen Worten zu beschreiben, was ihnen am besten gefallen hat.

- *Spielvarianten:* Beim nächsten Mal ist es der Waldboden oder ein Steinboden oder der Platz unter Hecken oder Bäumen und schießlich auch einmal der Gruppenraum, der dann ganz anders wahrgenommen wird.

Ri-Ra-Rutsch

Bei vielen klassischen Spielen gehören Sprache und Bewegung zusammen. Diese alten Spiele sind auch heute noch bestens zur Sprach- und Sprechförderung geeignet.

Ri-ra-rutsch,
wir fahren mit der Kutsch.
In der Kutsche fahren wir.
Auf dem Esel reiten wir.
Ri-ra-rutsch,
wir fahren mit der Kutsch.

- *Mitspieler:* Große oder kleine Gruppe, Kinder ab 4 Jahren, jeweils zwei Kinder spielen zusammen.

- **Spielvorbereitung:** Zuerst zeigen Sie den Kindern die Bewegungsabläufe: Die Kinder stehen sich paarweise gegenüber, überkreuzen ihre Arme und fassen den anderen an den Händen. Wenn beide gleichzeitig den rechten Arm vorschieben, drehen sich beide auf eine Seite, wenn sie danach gleichzeitig ihren linken Arme vorschieben, drehen sie sich wieder zurück. Die Hände dabei nicht loslassen! Die Kinder sprechen den Vers und spielen dazu dies:
- **Spieldurchführung:**
1. bis 2. Zeile: Die Kinder stehen sich gegenüber und schieben im Rhythmus der Sprache ihre Arme hin und her und drehen sich dabei.
3. Zeile: Die Kinder verschieben ihre verschränkten Arme so, dass sie nebeneinander stehen und gehen nun im Sprechrhythmus vorwärts.
4. Zeile: Die Kinder verschieben ihre Arme, sodass sie sich wieder zur anderen Seite drehen, und gehen im Sprechrhythmus zurück.
5. bis 6. Zeile: Wie 1. und 2. Zeile.

Im Pferdeschritt

*Im Pferdeschritt,
im Pferdeschritt
kommt jeder mit,
kommt jeder mit.
Im Trab, im Trab,
im Trab, im Trab
geht's auf und ab,
geht's auf und ab.
Doch schnell hopp-hopp,
doch schnell hopp-hopp
geht's im Galopp,
geht's im Galopp.*

- *Mitspieler:* Gruppen von 3 bis 6 Kindern ab 4 Jahren.
- *Spielvorbereitung:* Dieser Pferdeschritt sollte zuerst geübt werden. Alle Kinder stehen hintereinander und halten sich an den Schultern des Vordermanns fest. Dann bewegt sich die Kinderschlange langsam vorwärts, alle beginnen mit dem rechten Fuß (wo ist rechts?!), wandern im Gleichschritt hintereinander her und gehen immer schneller.
- *Spieldurchführung:* Alle Kinder gehen hintereinander, sprechen den Reim und bewegen sich wie folgt:
  1. bis 4. Zeile: Die Kinder stapfen gemächlich
  5. bis 8. Zeile: Die Kinder gehen mit lockerem Schritt
  9. bis 12. Zeile: Die Kinder hüpfen immer schneller.
  Zum Schluss ruft die Erzieherin laut „stop", damit die Pferdegruppen wieder zum Stehen kommen.

Namen-Spiele

Am Anfang des Kindergartenjahres kommen die Kinder miteinander schneller in Kontakt, wenn sie die Namen der anderen wissen. Mit diesem Bewegungsspiel ist das Namenlernen und Namensprechen eine lustige Sache.

- *Mitspieler:* Große oder kleine Gruppe, Kinder ab 3 Jahren.
- *Spielvorbereitung:* Die Kinder stehen im Kreis, sodass sie einander gut sehen und hören können und genügend Zwichenraum für ihre Bewegungen ist.
- *Spielregel:* Ein Kind sagt seinen Namen, die anderen wiederholen ihn mehrmals und klatschen dazu im Sprechrhythmus. Das Kind gibt wie ein Dirigent das Zeichen für den Schluss. Dann kommt das nächste Kind und dessen Namen an die Reihe.
- *Spieldurchführung:* Nach drei oder vier Namen-Klatsch-Runden könnten Sie eine andere Bewegung vorschlagen, z.B. im Rhythmus des Wortes winken, mit den Armen schwingen, stampfen, hüpfen, im Stehen von einem Fuß auf den anderen tippeln, mit den Schultern wippen.

Grobmotorik

Bei der Entwicklung motorischer Fähigkeiten wird zwischen grobmotorischen und feinmotorischen Bewegungen unterschieden. Die Grobmotorik ist beispielsweise der Bewegungsablauf beim Gehen, Auf- und Niedersetzen, die Feinmotorik sind die fein abgestimmten Bewegungen der Hand und des Mundes. Erst wenn das Kind die grobmotorischen Bewegungen ausführen kann, entwickeln sich die komplexeren feinmotorischen Fertigkeiten.

Die Entwicklung der grobmotorischen Fähigkeiten beginnt mit Bewegungsreflexen, so führt etwa ein Säugling Schwimmbewegungen aus, wenn er ins Wasser gehalten wird und den Auftrieb des Wasser spürt, oder er bewegt die Beine wie zum Gehen, wenn er hochgehalten wird und unter den Füßen festen Boden spürt. Diese Reflexe laufen unbewusst ab. Für die bessere Koordination der Muskelpartien, mit deren Hilfe schließlich auch die Sprache gebildet wird, braucht der Mensch jedoch flexible, bewusst steuerbare Bewegungsmöglichkeiten. Die Reflexe treten also bald in den Hintergrund und das Zusammenspiel von bewusst gesteuerter Bewegung und Sinneswahrnehmung beginnt. Der Übergang von der Grobmotorik zur Feinmotorik ist fließend und gelingt desto besser, je mehr Bewegungserfahrungen die Kinder haben. Außerdem lernen die Kinder verschiedene Bewegungsvarianten und ihre Bezeichnungen kennen.

 Wer weiß, wie's geht?

- *Mitspieler:* Große oder kleine Gruppe, Kinder ab 3 Jahren.
- *Spielvorbereitung:* Die Kinder versammeln sich im Garten, im Gymnastikraum oder auf dem Hofplatz.
- *Spieldurchführung:* Wer ein Wort für eine Bewegung weiß, sagt es und alle Kinder führen die Bewegung aus. Auch Sie machen mit und wählen Bezeichnungen aus, die die Kinder

noch nicht kennen. Diese Bewegungsarten sind beispielsweise für das Spiel geeignet: schlendern, bummeln, schleichen, schlurfen, kriechen, springen, sausen, rennen, hüpfen, spazierengehen, wandern, schreiten, krabbeln, flanieren, stolzieren, stampfen, paradieren, kriechen.
- *Spielvariante:* Viele verschiedene Musikinstrumente liegen bereit, z. B. Rasseln, Trommeln, Klanghölzer, Klangstäbe, Zimbeln, Triangeln, Kastagnetten, Glockenspiele. Gespielt wird mit freier rhythmischer Improvisation. Ein paar Kinder bewegen sich im Raum, ein Kind oder mehrere Kinder spielen auf Musikinstrumenten die Bewegungen nach, z. B. bei hüpfenden Bewegungen kurze „Hüpf-Töne", bei schnellen Bewegungen ein schnelles Glissando oder mehrere schnelle Töne hintereinander, bei langsamen Bewegungen ein Spiel mit langen und tiefen Tönen.

Wie fällt ein Blatt?

- *Mitspieler:* Kleine oder große Gruppe, Kinder ab 3 Jahren.
- *Material:* Blatt, Stein, Ball, Papier, Feder, Luftballon und weitere Gegenstände.
- *Spieldurchführung:* Sie lassen vor den Augen der Kinder einen Gegenstand zu Boden fallen. Die Kinder schauen zuerst nur aufmerksam und hören Ihnen zu, wie Sie mit fantasievollen Worten die Fallbewegung beschreiben. Dann wiederholen Sie das Spiel und fordern die Kinder auf, diese Fallbewegung nachzuspielen. Beispiele dafür:
  - Das Blatt schwebt langsam zu Boden, tänzelt im Luftzug und bleibt dann auf dem Boden liegen.
  - Der Wassertropfen am Finger zögert ein bisschen, spannt sich, dann fällt er hinab.
  - Der Stein plumpst senkrecht nach unten und bleibt auf dem Boden liegen.

- Der Ball fällt auf den Boden, hüpft weiter, rollt ein Stück und bleibt dann liegen.
- Der Luftballon fällt langsamer, wackelt hin und her und hüpft noch ein paar Mal den Boden entlang.
- Das Papier segelt, schaukelt, wackelt und bleibt dann auf dem Boden liegen.
- Die Feder schwebt, ganz langsam gleitet sie auf den Boden.

 Zirkusspiel

- *Mitspieler:* große oder kleine Gruppe, Kinder ab 3 Jahren.
- *Material:* Stühle oder Kissen, Verkleidungssachen bzw. Schminke
- *Spielvorbereitung:* Mit Stühlen oder Kissen wird eine runde Arena gebildet, darauf nehmen die Kinder Platz. Die Kinder, die auftreten wollen, verkleiden sich oder schminken ihr Gesicht mit Punkten, Linien und bunten Klecksen. Zur Vorbereitung gehört auch, dass die Kinder sich überlegen, welches Kunststück sie den anderen vorführen wollen, allein, zu zweit oder zu dritt.

Und das könnten die Kunststücke sein:
- Ein Weilchen auf einem Bein stehen.
- Einen Purzelbaum schlagen.
- Auf dem Po rutschen.
- Seitwärts rollen.
- Drei Kinder liegen übereinander.
- Einen großen Sprung über ein Kissen machen.
- Zwischen seinen eigenen Beinen durchschauen.
- In einen Karton steigen und sich ganz klein zusammenkauern.
- Durch drei aufgestellte Reifen krabbeln.
- Ein Kissen auf dem Kopf balancieren.
- Im Kreis herum rückwärts gehen.
- Sich die Augen verbinden und im Kreis herum führen lassen.
- Als Dreibein gehen, also zu zweit gehen und jeweils ein Bein an das Bein des anderen festbinden.
- *Spieldurchführung:* Bevor der Artist loslegt, kündigt er laut sein Kunststück an und sagt, was er machen wird. Und nach jedem Kunststück gibt es lauten Applaus!

Alles auf einmal!

Die Bewegungsabläufe gelingen desto besser, je öfter das Kind sie ausführt. Schon bald wird es wie selbstverständlich mit fließenden Bewegungen Treppen steigen und andere komplexe motorische Abläufe beherrschen, ohne sich darauf konzentrieren zu müssen. Dann kann das Kind mehrere Dinge gleichzeitig machen, z. B. Musik hören, dazu tanzen und in die Hände klatschen. Oder etwas tragen, dabei reden, durchs Zimmer gehen, den Bauklotz auf dem Boden sehen und darüber steigen. Das wird den Kindern bei diesem Spiel bewusst.
- *Mitspieler:* Kleine Gruppe, Kinder ab 4 Jahren.
- *Material:* Spielsachen aller Art.
- *Spielvorbereitung:* Die Kinder versammeln sich an einem Platz, wo sie sich ungehindert bewegen können.

- **Spieldurchführung:** Sie sind Spielleiter und stellen den Kindern Aufgaben, bei denen sie mehrere Dinge gleichzeitig machen. Wer es probieren will, darf loslegen.
- **Zwei Dinge gleichzeitig:**
  - Wer kann hüpfen und dabei mit der Rassel rasseln?
  - Wer kann klatschen und stampfen?
  - Wer kann ein Bilderbuch in der Hand halten und über ein Kissen steigen?
- **Drei Dinge auf einmal:**
  - Wer kann hüpfen und singen und aus dem Fenster schauen?
  - Wer kann ein Papier zerreißen, dazu etwas sagen und auf einem Bein stehen?
  - Wer kann im Kreis gehen, einen Ball in der Hand halten und über einen Bauklotz steigen?

Knopfdruck-Spielwelt

Die Motorisierung und Technisierung in vielen Lebensbereichen sind einerseits ein Fortschritt, der den Menschen dient, andererseits birgt es eine Gefahr für die Kinder. Viele Handlungen und Arbeiten des Alltags funktionieren auf Knopfdruck, automatisch und alleine. Auch viele Spielsachen sind technisch so ausgeklügelt, dass man nur noch einen Knopf drückt, einen Schalter dreht oder Hebel kippt, schon geht es los. Viel interessanter ist es aber, wenn Kinder selbst etwas zusammenbauen, sich die Einzelteile dazu zusammensuchen, sich mit anderen Kindern besprechen, was sie machen wollen und wie sie es durchführen können. Das fordert und fördert die Entwicklung nicht zuletzt auf der kommunikativen und intellektuellen Ebene. Eine technisch perfektionierte (Spiel-)Welt kann ein Kind in seinen Wahrnehmungs- und Bewegungserfahrungen dagegen stark unterfordern. Die Folge sind motorische Defizite bis hin zur Einschränkung der körperlichen Leistungsfähigkeit. Untersuchungen zeigen, dass über 10 % aller Grundschulkinder

davon betroffen sind. Diesen Störungen folgen Auffälligkeiten in der psychosozialen Entwicklung, verbunden mit Störungen im Sozialverhalten, sowie Lern- und Leistungsstörungen.
Was dagegen zu unternehmen ist, ist einfach, aber wirkungsvoll: Den Kindern Spielsituationen schaffen, bei denen die kindliche Neugierde stimuliert wird. Diese Antriebskraft, die Welt zu erforschen und kennen zu lernen, macht Kinder munter und bringt sie in Schwung. Dazu nun Beispiele für größere Spielaktionen im Freigelände bzw. Garten des Kindergartens, bei denen Kinder rundum gefördert und herausgefordert werden. So eine Aktionen kann auch über mehrere Tage angelegt werden.

Gartenaktion

Könnte der Garten des Kindergartens eine Veränderung vertragen? Die wird sicher anders ausfallen als gewohnt, wenn die Kinder mitmachen dürfen, ihre Ideen einbringen, mitplanen, zupacken und selbst Hand anlegen. Alles geht etwas langsamer voran, aber darauf kommt es nicht an, sondern um das Mitmachen und Selbermachen.

- *Mitspieler:* Große Gruppe, Kinder ab 4 Jahren.
- *Material:* Je nach Art der Aktion wird eine Liste der benötigten Materialien erstellt.
- *Vorbereitung:* Die Kinder werden also nach ihren Wünschen gefragt, alle Ideen werden gesammelt, kleine Anschauungsmodelle können gebastelt oder Skizzen angefertigt werden. Gemeinsam wird überlegt, was gefällt, eine Entscheidung erfolgt durch Abstimmung mit den Kindern. Wenn Fachleute befragt werden müssen, sollten sie in den Kindergarten kommen, damit die Kinder zuhören können.
- *Durchführung:* Immer sind die Kinder mit dabei, ihre Aussagen werden ernstgenommen, und bei der Umsetzung der Pläne wird als Erstes überlegt, was die Kinder machen können. Dem entsprechend wird der Arbeitsplan aufgeteilt.

Die Kinder können abmessen und Modelle basteln, graben und schleppen, gießen und binden, festhalten und zusammenfügen, empfindliche Sachen vorsichtig transportieren und bei schweren Lasten alle miteinander zupacken. Es muss ja nicht gleich der ganze Garten umgemodelt werden, es genügen schon einzelne Veränderungen. Hier eine Auswahl an Ideen:
- Entlang des Gartenzauns Büsche einpflanzen.
- Mitten in den Garten einen Obstbaum pflanzen.
- Einen kleinen Brunnen mit einem künstlichen Bach anlegen.
- Ein Biotop anlegen.
- Einen Gemüsegarten oder ein Blumenbeet anpflanzen.
- Die Hauswände verschönern mit Kletterpflanzen und Farbanstrichen.
- Eine Weidenhecke so anpflanzen, dass später ein Tunnel oder eine Hütte entsteht.
- Pflastersteine entfernen und einen Garten anlegen.
- Lange Stäbe oder Äste zu einem Zelt aufstellen und jeden Stab mit einer schnell wachsenden Kletterpflanze bepflanzen.
- Den Sandkasten neu gestalten.
- Den gepflasterten Gartenweg bemalen.
- Den ganzen Garten mit Windrädchen und Fähnchen schmücken.
- Einen Erdhügel errichten, der in eine große Spiellandschaft umgebaut wird, mit Kieselsteinstraßen und Tonhäuschen, mit Blumenbäumen und einer Gipsburg.

Feinmotorik

Die Leistungen im Bereich der Feinmotorik zeigen sich in erster Linie in der Beweglichkeit der Hände und des Mundes. Sprechen funktioniert nur mithilfe von vielen gezielten, koordinierten und lang eingeübten Mundbewegungen, und genauso sind die Finger dafür geeignet und vorgesehen, schnelle, komplizierte und gezielte Bewegungen auszuführen. Interessanterweise liegt das Sprachzentrum im Gehirn neben der Impulssteuerung der Handbewegungen. Wissenschaftler sehen darin einen Beweis, dass die Entwicklung der Feinmotorik von der Entwicklung des Sprechens abhängt und beides wechselseitig gefördert werden kann. Hand- und Mundbewegungen hängen also in gewisser Weise zusammen. Kein Wunder, dass viele Menschen beim Sprechen gerne die Hände bewegen. Ebenso verständlich ist es unter diesem Aspekt, dass bei einer konzentrierten Arbeit plötzlich die Zunge im Mundwinkel erscheint oder dass bei Handarbeiten Mund und Kiefer sich mitbewegen. Mit einfachen Spielen lässt sich die Fingerfertigkeit trainieren – und dabei werden auch Fantasie und Sprache nicht zu kurz kommen.

Kneterätsel

- *Mitspieler:* Kleine Gruppe, Kinder ab 4 Jahren.
- *Material:* Knetmasse.
- *Spielvorbereitung:* Die Kinder sitzen um den Tisch, die Knetmasse liegt in der Tischmitte.
- *Spieldurchführung:* Ein Kind nimmt die Knetmasse und formt etwas, die anderen schauen zu und raten, was es wird. Wer es als Erster errät, darf als Nächster eine Figur kneten. Zu Beginn können einfachere Formen geknetet werden, z. B. Kugeln, Kringel, Brezeln, Hörnchen, aber auch Vögel, Elefanten, Krokodile, Häuser, Autos, Menschen, Sonnenhüte, Schirme und Schuhe.

Die Hände helfen reden

Wenn Kinder einen schwierigen Laut aussprechen wollen, spreizen sich oft ihre Finger oder verkrampfen sich ihre Hände. Auch wenn sie etwas Aufregendes erzählen, sind ihre Hände in Bewegung und zupfen und ziehen an der Kleidung. Die Mahnung „Halte deine Hände ruhig!" ist dann völlig fehl am Platze. Das Gehirn steuert einfach diese Bewegung und das Kind ist noch nicht in der Lage, dieses unbewusste Verhalten zu vermeiden. Logopäden machen sich diese Verbindung zu Nutze und spielen mit dem Kind Finger- und Handspiele, während das Kind einen komplizierter Laut trainiert. Das ist keine Ablenkung, sondern ein gezieltes Miteinanderbewegen.

Fingerspiele

Fingerspiele gehören zu den besten Spielen der Sprachförderung. Sie sind in einfachen Sprachrhythmen und in Reimform abgefasst, erleichtern deshalb das Nachsprechen und der Sprachfluss wird mit Fingerbewegungen unterstützt. Den Kindern gefällt es, wenn sich ihre Finger in Zappelmänner oder Tiere verwandeln und lustige Späße treiben. Fingerspiele üben auf Kinder eine Faszination aus. Kinder mit Sprachstörungen sind bei Fingerspielen so entspannt und gleichzeitig so konzentriert, dass sie ihre Sprachstörungen überwinden und z. B. ohne stottern oder poltern mitsprechen. Fingerspiele beschreiben meistens Szenen aus der Erlebniswelt der Kinder. Die Kinder verstehen den Inhalt und identifizieren sich mit den Figuren im Spiel. Das motiviert zum Mitspielen und Sprechen.

 ## Zehn kleine Zappelmännchen

Zehn kleine Zappelmännchen
zappeln hin und her.
Zehn kleine Zappelmännchen
finden's gar nicht schwer.
Zehn kleine Zappelmännchen
zappeln auf und nieder.
Zehn kleine Zappelmännchen
tun das immer wieder.
Zehn kleine Zappelmännchen
zappeln rings herum.
Zehn kleine Zappelmännchen
scheint das gar nicht dumm.
Zehn kleine Zappelmännchen
spielen gern Versteck.
Zehn kleine Zappelmännchen
sind auf einmal weg.
Zehn kleine Zappelmännchen
kommen zu dir rüber.
Zehn kleine Zappelmännchen
tun das immer wieder.

- *Mitspieler:* Kleine oder große Gruppe, Kinder ab 3 Jahren.
- *Spieldurchführung:*
  1. bis 4. Zeile: Die Hände in die Luft strecken und mit allen Fingern zappeln.
  5. bis 8. Zeile: Finger zappeln und die Arme beugen und auf und nieder strecken.
  9. bis 12. Zeile: Finger zappeln und die Oberarme in weitem Bogen kreisen lassen.
  13. bis 16. Zeile: Finger zappeln und werden plötzlich hinter dem Rücken versteckt.
  17. bis 20. Zeile: Finger erscheinen wieder und krabbeln zu den Zappelfingern des Mitspielers. Die Hände halten sich fest wie in einer zärtlichen Begrüßung.

 Die fünf Schweinchen

Fünf Schweinchen kommen gelaufen,
der Bauer will sie verkaufen:
das Schnüffelnäschen,
das Wackelöhrchen,
das Kugelränzchen,
das Ringelschwänzchen.
Da ruft das kleinen Wackelbein:
„Komm, wir laufen alle heim!"

- *Mitspieler:* Kleine oder große Gruppe, Kinder ab 3 Jahren.
- *Spieldurchführung:*
  1. Zeile: Die fünf Finger einer Hand krabbeln und rennen als Schweinchen über den Tisch.
  2. Zeile: Die Finger bleiben stehen.
  3. bis 7. Zeile: Die Hand hochnehmen und der Reihe nach die fünf Finger antippen, als wollte man mit den Fingern zählen, vom Daumen bis zum kleinen Finger.
  8. Zeile: Die Hand landet wieder auf dem Tisch und die fünf Finger rennen als Schweinchen zurück.

Der besetzte Bus

*„Herr Fahrer,
bitte lass mich rein,
hab mich so abgehetzt!"
„Ach nein, mein Herr,
das geht nicht mehr,
ist alles schon besetzt!"*

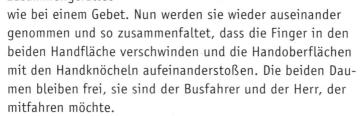

- *Spielvorbereitung:*
Die Hände werden zusammengefaltet wie bei einem Gebet. Nun werden sie wieder auseinander genommen und so zusammenfaltet, dass die Finger in den beiden Handfläche verschwinden und die Handoberflächen mit den Handknöcheln aufeinanderstoßen. Die beiden Daumen bleiben frei, sie sind der Busfahrer und der Herr, der mitfahren möchte.
- *Mitspieler:* kleine oder große Gruppe, Kinder ab 3 Jahren
- *Spieldurchführung:*
  1. bis 3. Zeile: Ein Daumen wackelt, weil er spricht.
  4. bis 5. Zeile: Der andere Daumen bewegt sich jetzt als Fahrer.
  6. Zeile: Die Hände werden umgedreht, die verschränkten Finger kommen zum Vorschein und zappeln, sodass jeder sehen kann: Der Bus ist voll besetzt.

Der dicke Daumen

Der Daumen ist etwas Besonderes, er ist der dickste und stärkste Finger. Nur mit seinem Dazutun kann die Hand etwas greifen oder umfassen bzw. zusammen mit dem Zeigefinger im so genannten Pinzettengriff etwas packen, zupfen und ziehen. Nicht ohne Grund gibt es für die Kinder extra Fingerspiele nur für den Daumen, damit seine Beweglichkeit trainiert wird.

Himpelchen und Pimpelchen

Himpelchen und Pimpelchen
stiegen auf einen Berg.
Himpelchen war ein Wichtelmann,
und Pimpelchen war ein Zwerg.
Sie blieben lange dort oben sitzen
und wackelten mit ihren Zipfelmützen.
Doch nach fünfundzwanzig Wochen
sind sie in den Berg gekrochen.
Schlafen dort in süßer Ruh. Sei fein still
und hör mal zu:
Chrr-chrr-chrr-chrrrr

- *Mitspieler:* Kleine oder große Gruppe, Kinder ab 3 Jahren.
- *Spielvorbereitung:* Die beiden Fäuste sind geschlossen, die beiden Daumen recken in die Luft, es sind Himpelchen und Pimpelchen.
- *Spieldurchführung:*
  1. Zeile: Die beiden Daumen erscheinen.
  2. bis 4. Zeile: Die Fäuste samt Daumen steigen in der Luft immer höher.
  5. Zeile: Sie halten nebeneinander an.
  6. Zeile: Die Daumen wackeln hin und her.
  7. bis 11. Zeile: Die Daumen verschwinden in ihren Fäusten.
  12. Zeile: Einem Mitspieler werden die Fäuste ans Ohr gehalten und gleichzeitig laute Schnarchgeräusche vorgemacht.

Ganzheitliche Sprachförderung

 Lirum, Larum, Löffelstiel

*Lirum, Larum Löffelstiel,
wer das nicht kann, der kann nicht viel*

- *Mitspieler:* Kleine Gruppe, Kinder ab 4 Jahren.
- *Spielvorbereitung:* Die Kinder sitzen um den Tisch herum und halten ihre Hände zum Spiel bereit.
- *Spieldurchführung:* Einer fängt an, schließt seine Hand zur Faust und streckt dabei den Daumen nach oben. Mit seiner Faust kreist er auf dem Tisch, als wäre seine Hand ein Löffelstiel. Alle sprechen den Vers. Danach packt ein zweiter Spieler die Löffelstiel-Faust, umschließt dabei mit seiner Faust den Daumen des anderen und lässt auch seinen Daumen hochstehen. Dann beginnen die beiden Fäuste als Löffelstiel auf dem Tisch zu kreisen und alle sprechen den Vers zum zweiten Mal. So geht es immer weiter. Nach jedem Vers kommt ein weiterer Daumen auf den Daumenturm und der Löffelstiel wird immer höher. Sind alle Daumen aufgetürmt, sprechen alle Mitspieler den Vers so schnell es geht, bis der Daumenturm auseinander fällt.

125

Wettsammelspiel

Hier ein Spiel, bei dem das Greifen mit Daumen und Zeigefinger geübt wird.
- *Mitspieler:* Kleine Gruppe, Kinder ab 4 Jahren.
- *Material:* Viele ganz kleine Dinge, Stoppuhr.
- *Spielvorbereitung:* Etwa 10 sehr kleine Sachen liegen auf dem Tisch, daneben eine Schale.
- *Spieldurchführung:* Auf ein Startzeichen hin sammelt ein Spieler alle kleinen Sachen auf und legt sie in die Schale. Dabei muss er laut sagen, was er gerade in den Fingern hat. Seine Sammelzeit wird mit der Stoppuhr gestoppt. Wer ist der Schnellste? Wer will es noch einmal probieren und noch schneller werden? Aber immer nur ein Ding nach dem anderen aufsammeln und weglegen. Diese Sachen könnten dabei sein: Stecknadel, kleine Ringschraube, Papierschnipsel, kleine Perle, Haar eines Pinsels, getrocknete Linse, Zuckerkrümel, kleine Dichtungsscheibe, abgebrochene Bleistiftspitze, kurzer Faden, Paillette. Das sind lange oder komplizierte Wörter für diese kleinen Sachen, aber das gehört mit zum Spiel.

Mit allen Sinnen

Früher sprach man von den fünf Sinnen des Menschen. Manche fügten als sechsten Sinn die Intuition hinzu, die für das Verständnis des Rätselhaften und Irrationalen zuständig war. Heute spricht man von sieben Sinnen, über die der Mensch verfügt: Hörsinn, Sehsinn, Geschmackssinn, Geruchssinn, Tastsinn, Gleichgewichtssinn, Stellungssinn.
Die beiden letzten Sinne werden auch Tiefensinn genannt. Alle sieben Sinneskanäle sind dazu da, Informationen über den eigenen Körper und über die Außenwelt aufzunehmen und an das Gehirn weiterzuleiten.

Die Sinneswahrnehmung

Noch vor dem Sprechenlernen sammelt das Kleinkind eine ganze Menge Sinneserfahrungen. Es kann schon riechen, schmecken, fühlen, hören und sehen. In Verbindung mit diesen Sinneseindrücken erwirbt es ein erstes Wissen über die Welt, über sich selbst und seine Mitmenschen. Es ist ein lustvolles Lernen und bald besitzt der Säugling einen großen Erfahrungsschatz, auf den es zurückgreifen kann, wenn das Sprach- und Wörterlernen beginnt.

Spezielle Körperzellen, die Rezeptoren, nehmen die Sinnesreize auf und wandeln sie in elektrische Energie um, sodass die Informationen über das Nervensystem zum Gehirn weitergeleitet werden können. Dort angekommen, speichert das Gehirn die empfangenen Impulse und vernetzt sie gleich an mehreren Stellen. Die Sinnesinformationen werden geordnet, mit bereits vorhandenen Informationen verglichen, neu sortiert und immer auch neu zu einem sinnvollen Ganzen vernetzt. Jetzt kann der Mensch verstehen, was die Sinne wahrgenommen haben. Will er auf diese Wahrnehmung reagieren, z.B. etwas dazu sagen, hat das Gehirn gleich weitere Arbeit zu leisten. Es koordiniert die geistigen, emotionalen und motorischen Reaktionen und setzt sie in Bewegungen um, sodass der Mensch handeln und sprechen kann.

Enge Vernetzungen

Bei der sinnlichen Wahrnehmung wird nicht bloß eine einzelne Wahrnehmung eines einzelnen Sinnesorgans registriert. Der Mensch nimmt immer über mehrere Sinneskanäle gleichzeitig die Umwelt wahr. Die sinnlichen Wahrnehmungen lassen sich auch nicht genau von Gefühlen, Wünschen und Erinnerungen trennen. Wahrnehmen ist ein ganzheitlicher Vorgang, bei dem auch die emotionalen Bewertungen und persönlichen Einstellungen eine Rolle spielen, die wiederum abhängig sind von den bisherigen Erfahrungen und Erkenntnissen. Alle sieben Sinne brauchen täglich Anregungen, um sensibel zu bleiben, sich entfalten zu können und nicht zu verkümmern. Es ist wie beim Klavierspielen: Nur bei einem täglichen Training beherrscht man das Spiel, erwirbt Fingergeläufigkeit, kann auf der Tastatur spielen, ohne hinzuschauen, und weiß die Noten der Spielstücke auswendig. Die Konsequenz ist, bei den Kinderspielen darauf zu achten, dass möglichst immer mehrere Sinne aktiviert werden.

 Mit allen Sinnen etwas tun

- *Mitspieler:* Kleine Gruppe, Kinder ab 4 Jahren.
- *Material:* Spielsachen aller Art.
- *Spielvorbereitung:* Die Mitspieler sitzen zusammen, jeder sollte die anderen sehen können.

- **Spieldurchführung:** Sie zeigen einen Gegenstand, den die Kinder kennen, und fragen: „Was kann man damit alles tun?" Die Kinder überlegen, wem etwas einfällt, der steht auf und zeigt es den anderen. Alle Kinder sollten hier mitmachen. Wem keine neuen Ideen in den Sinn kommen, der macht einfach etwas nach, was ein anderer bereits gezeigt hat. Oder Sie flüstern ihm eine Idee ins Ohr. Spielgegenstände können z. B. sein: Bauklotz, Malstift, Ball, Tuch, Würfel. Und damit kann man z. B. dies machen:
- In die Hand nehmen.
- Auf den Boden klopfen.
- Draufsitzen.
- Anschubsen.
- Auf der Hand balancieren.
- Daran schnuppern.
- Auf den Boden legen und darüber hüpfen.
- Von allen Seiten anschauen.
- Mit Finger oder Faust darauf klopfen.

Alle Aktivitäten der Kinder begleiten Sie mit Worten und anregenden Fragen, sodass auch die Kinder zu Wort kommen könnten, beispielsweise so: „Die Judith setzt sich auf den Ball! Wie ist das, was spürst du dabei?"

Der Tastsinn

Ein neugeborenes Kind braucht einige Erfahrungen, bis es zwischen seinem Körper und seiner Umgebung unterscheiden kann. Wenn es z. B. an seinen Fuß fasst, spürt es zwei verschiedene Berührungen. Das Tasten mit der Hand und das Berührtwerden am Fuß. Fasst die Mutter ihr Kind am Fuß, spürt das Kind nur noch die Berührung am Fuß. Das zu unterscheiden, ist ein wichtiger Lernschritt für die Welterkenntnis, dass es ein Ich und ein Nicht-Ich gibt, also einen eigenen Körper und eine Außenwelt.

Das Neugeborene greift zuerst reflexartig nach den Dingen, die in seine kleinen Hände geraten. Es packt zu und lässt auch nicht gleich wieder los. Das ist der Greifreflex, mehr nicht. Es ist weder ein Haben-Wollen noch ein Nicht-mehr-hergeben-Wollen. Ab vier oder fünf Monaten lernt das Kind, in Koordination mit dem Sehen, gezielt nach den Dingen zu greifen. Das macht den Greifreflex überflüssig, er verschwindet. Mit dieser neuen Fähigkeit der Abstimmung von Sehen und Greifen beginnt das Kind die Welt zu begreifen. Es möchte alles anfassen, herholen, abtasten und am liebsten in den Mund stecken, weil dort mit der Zunge noch mehr entdeckt und über den Gegenstand erfahren werden kann.

Zunächst umfasst das Kind mit beiden Händen den Gegenstand, später kann es etwas von einer Hand in die andere nehmen. Etwa nach einem halben Jahr hat das Kind das gezielte Greifen gelernt. Nun kann es packen und nehmen, einpacken und auspacken, aufnehmen und hochheben, einräumen und ausräumen.

Das Tastempfinden

Die Rezeptoren der Haut sind Tastkörperchen, die in der äußeren Hautschicht sitzen. Bei einer Berührung erzeugen sie einen elektrischen Impuls, der über die Nervenzellen zum Gehirn geleitet wird. Am dichtesten sind die Tastkörperchen an den Fingerspitzen, auf der Handinnenfläche und an den Fußsohlen verteilt. Deshalb wird dort eine Berührung am intensivsten wahrgenommen. Etwas tiefer in der Haut sitzen die Rezeptoren, die Schmerz, Druck, Vibration, Wärme und Kälte erkennen.

Was die Hände alles wahrnehmen

Mit den Händen können wir nicht nur die Form eines Gegenstandes ertasten, sondern erfassen gleichzeitig die Größe, das Material, die Oberflächenbeschaffenheit, sogar das Gewicht und die Temperatur des Gegenstandes. Das sind viele Informationen, die so eine Hand erkennen kann.
Das merken und spüren die Kinder bei diesem Spiel.

- *Mitspieler:* Kleine Gruppe, Kinder ab 4 Jahren.
- *Material:* Handliche Sachen aller Art.
- *Spielvorbereitung:* Die Mitspieler sitzen in der Runde.
- *Spieldurchführung:* Ein Kind bekommt einen Gegenstand in die Hand. Es schaut kurz darauf und schließt dann die Augen. Nun stellen Sie als Spielleiter viele Fragen, die das Kind beantwortet. Sollte dem Kind ein geeignetes Wort fehlen, dann bieten Sie ihm Wortbeispiele an, sodass das Kind bei seiner Beschreibung das passende Wort wählen kann.
Beispiele für die Spielgegenstände: Spielzeugauto, Legosteine, Puppenstuben-Püppchen, Farbstift, Büroklammer, Ball, Sandförmchen, Bilderbuch.
Beispiele für die Fragen:
– Ist es eckig oder rund?
– Ist es groß oder klein?
– Ist es dick oder dünn?
– Ist es schwer oder leicht?
– Ist es rau oder glatt?
– Ist es hart oder weich?
– Ist es warm oder kalt?
– Ist es spitz oder flach?
– Ist es eben oder gewölbt?
Das Kind antwortet in einem ganzen Satz. Vielleicht kann es auch noch mehr dazu sagen, z. B. wenn der Gegenstand an einer Seite eckig, an der anderen rund ist oder an einem Ende spitz und am anderen Ende flach.

Knautschi

Einen Knautschi kann das Kind selber herstellen. Das Ding fühlt sich gut an, man kann es knautschen, knuffen, drücken und formen. Das ist ein gutes Wahrnehmungstraining für die Finger.
- *Mitspieler:* Kleine oder große Gruppe, Kinder ab 4 Jahren.
- *Material:* Luftballons, Sand, Trichter.
- *Vorbereitung:* In die Öffnung des Luftballons den Trichter stecken und den Sand einfüllen, bis der kleine Ballon prall gefüllt ist. Dann die Öffnung verknoten, den Knoten wirklich fest anziehen - und fertig ist Knautschi.
- *Spieldurchführung:* Die Knautschi-Ballons sind eine besondere Herausforderung für Kinderhände. Er kann geknetet, geformt, gerollt, geworfen werden und die Kinder erfinden fantasievolle Spiele.

 Fühl-Memory

- *Mitspieler:* Kleine Gruppe, Kinder ab 4 Jahren.
- *Material:* Viele Stoffsäckchen oder Waschhandschuhe in gleicher Farbe, Wollfäden, jeweils zwei gleiche Sachen, die einzeln in die Säckchen oder Waschhandschuhe gesteckt werden.
- *Spielvorbereitung:* Jedes Säckchen wird mit einem Gegenstand gefüllt und zugebunden. Bei dieser Vorbereitung machen

die Kinder mit. Sie können wissen, welche Sachen eingepackt werden.
- **Spieldurchführung:** Die Säckchen liegen auf dem Tisch verteilt. Gespielt wird nach den Spielregeln des Memorys. Also ein Säckchen hochnehmen, betasten, wieder hinlegen, dann ein anderes Säckchen nehmen und fühlen, ob der gleiche Gegenstand drin versteckt ist. Beim Befühlen sagen die Kinder laut, was sie spüren, und stellen Vergleiche an. Ertastet der Spieler zwei identische Säckchen, darf er sie beiseite legen. Andernfalls kommt der nächste Spieler an die Reihe.

Mit den Händen schauen

Nicht nur die Kinder, sondern auch die Erwachsenen „schauen mit den Händen". Vor allem, wenn sie etwas genauer wissen wollen, fassen sie etwas an, um zu begreifen, was sie sehen. Sie streichen über Stoff, ertasten die Formen einer Skulptur, tupfen in den Hefeteig oder nehmen einen Kürbis in die Hand. Der Augenschein allein genügt manchmal nicht, und dann müssen andere Sinne als zusätzliche Informationszuträger aktiviert werden. Es steht also fest, für die Entwicklung des Wortschatzes ist das taktile System wichtig. Ein Kind begreift einen neuen Begriff erst dann, wenn es auch Informationen über die taktile Beschaffenheit gesammelt hat. Die eigene Erfahrung und Wahrnehmung gehört zum Bedeutungswissen eines Wortes.

Ein nasses Etwas

Manche Gegenstände fühlen sich komisch an, wenn sie nass sind. Da werden sogar die Sinne leicht verwirrt, weil auf den ersten Blick die Augen etwas anderes erkennen, als das, was die Hände ertasten. Deshalb ist dieses Spiel für Kinder ein Riesenspaß.
- **Mitspieler:** Kleine Gruppe, Kinder ab 3 Jahren.
- **Material:** Bürsten, Schwämme, Leder, Lappen, Stoffreste

aller Art, dicke Stoffe, feine Stoffe, Samt, Wolle und als Überraschung alte Lederhandschuhe mit Sand gefüllt.
- **Vorbereitung:** Alle Sachen in Wasser einweichen, dann auswringen und auf dem Tisch oder Boden ausbreiten.
- **Spieldurchführung:** Wer will, nimmt einen Gegenstand, betastet ihn und erzählt, wie sich das nasse Etwas anfühlt. Wem die Worte fehlen, dem helfen Sie mit Ihrem Vokabular weiter oder es werden Fantasieworte erfunden.
- **Spielvariante:** Ein Spieler schließt die Augen, ein anderer legt ihm etwas in die Hand. Wieder beschreibt der Spieler, was er spürt.

Neue Fühl-Wörter

Was bedeutet glitschig, schwabbelig, schlabberig, wabbelig, schwammig, teigig, matschig, gallertartig? Manche dieser Wörter klingen witzig und diese Lautmalerei gefällt Kindern – der ideale Anreiz für ein Spiel!
- **Mitspieler:** Kleine Gruppe, Kinder ab 4 Jahren.
- **Spielvorbereitung:** Dieses Spiel verlangt einige Vorbereitung, je nachdem, was Gegenstand des Spiels sein soll, z. B. ein wabbeliger Pudding, eine gallertartige Götterspeise, ein musiger Milchreisbrei oder eine schlabberige Rote Grütze. Hier kommen Lernen und Genießen zusammen.
- **Spieldurchführung:** Sie nennen so ein neues und seltsam klingendes Wort, die Kinder überlegen, was das bedeuten könnte, versuchen mit ihren Worten, sich diesem Begriff zu nähern und suchen nach einem Gegenstand, auf den diese Beschreibung passt. Erst zum Schluss tischen Sie Ihre vorbereiteten Sachen auf. Dann dürfen die Kinder alles selber testen. Mit einem Esslöffel ausgestattet, nimmt jeder von den verschiedenen Speisen etwas, tastet mit der Zunge die Beschaffenheit und zum Schluss kommt noch der Geschmackssinn mit ins Spiel.

Ganzheitliche Sprachförderung

Sehen statt fühlen

Je mehr Erfahrungen mit dem Tastsinn gemacht werden, desto mehr nimmt das Bedürfnis ab, alles anfassen zu wollen. Mit der Zeit reicht es meist, etwas nur anzuschauen, um zu wissen, wie es sich anfühlen würde. So wird nach und nach der taktile Sinn dem visuellen Sinn untergeordnet.

 ### Wo bin ich?

Tasten statt sehen, das ist schwierig, denn wir sind es gewöhnt, uns visuell zu orientieren, und dann fällt es schwer, sich nur mit den Händen zurechtzufinden. Sprechen Sie mit den Kindern nach jeder Spielrunde darüber, was schwierig und was spannend war.
- *Mitspieler:* Kleine Gruppe, Kinder ab 5 Jahren.
- *Spielvorbereitung:* Ein Kind bekommt die Augen verbunden und wird an einen Platz geführt. Alle anderen Kinder wandern mit, denn von dort aus startet die nächste Spielrunde.
- *Spieldurchführung:* Die Hände des „blinden" Kindes werden

an eine Stelle geführt, sodass es mit Tasten und Raten beginnen kann. Wo ist es gelandet? Das muss es herausfinden. Es gehört auch zur Spielregel, dass das Kind seine tastenden Entdeckungen den anderen mitteilt, z. B. so: Ich spüre Holz, es ist flach und rau, da liegt Knete, ich taste jetzt den Fußboden, ich spüre etwas Flaches, es sind Kacheln ... ich bin im Bastelraum am Basteltisch!
Und mit diesen Fragen könnten Sie bei der Wortwahl behilflich sein: Spürst du den Fußboden? Ist er aus Holz, liegen dort Fliesen oder krümelige Erde? Je einfallsreicher ihre sprachlichen Anregungen sind, desto lustiger das Spiel, bei dem nebenbei der Wortschatz der Kinder erweitert wird.

Kieselstein-Meditation

- *Mitspieler:* Große oder kleine Gruppe, Kinder ab 3 Jahren.
- *Material:* Kieselsteine oder Halbedelsteine, Kassettenrekorder mit ruhiger Musik.
- *Spielvorbereitung:* Alle Kinder sitzen im Kreis, es ist ringsum still, keiner darf stören, ganz leise ist Musik zu hören. Die Kinder schließen ihre Augen und halten eine Hand auf.
- *Spieldurchführung:* Sie geben jedem Kind einen Stein in die Hand. Dann stellen Sie Fragen, die zugleich für die Kinder eine Anleitung für ihre Tasterfahrungen sind. Lassen Sie den Kindern ausreichend Zeit zum Fühlen, Tasten und Nachspüren. Die Kinder dürfen sich erst nach dem Spiel unterhalten und können dann ihre Entdeckungen austauschen.

Ihre Fragen als Spielleiter könnten sein:
- Spürst du die Größe des Steins?
- Wie schwer ist der Stein?
- Taste mit den Fingern die Oberfläche des Steines ab, ist er rau oder wellig oder ganz glatt?
- Fühlst du Linien oder Risse im Stein?

- Wie ist die Form des Steines? Ist der Stein kugelrund oder länglich oder hat er eine Form wie ein Ei oder etwas ganz anderes?
- Und jetzt öffne wieder deine Augen und schau deinen Stein an. Welche Farbe hat er?

 Mit Mund und Zunge ertasten

Der Mund, dem wir normalerweise nur die Geschmackssinne zuordnen, ist auch ein hervorragendes Tastorgan. Denn Zunge und Lippen sind sehr sensibel für das Ertasten von Formen, deren Beschaffenheit und Eigenschaften.

- *Mitspieler:* Kleine Gruppe, Kinder ab 3 Jahren.
- *Material:* Möhren, Messer, ganz kleine Ausstecherförmchen, wie man sie für die Weihnachtsbäckerei braucht.
- *Vorbereitung:* Die Möhren werden gewaschen, geputzt und in Rädchen geschnitten. Aus den Rädchen werden mit den Ausstecherförmchen verschiedene kleine Formen ausgestochen. Bei diesen Vorarbeiten können die Kinder mitmachen, sehen auch gleich die Formen und lernen die Begriffe dazu. Bei älteren Kindern kann man Zahlen- oder Buchstaben-Förmchen verwenden.
- *Spieldurchführung:* Mit geschlossenen Augen nimmt jedes Kind ein Möhrenstück in den Mund und versucht, die Form zu ertasten.

Der Geschmackssinn

Wir spüren einen Geschmack auf der Zunge und nehmen gleichzeitig den dazugehörigen Geruch wahr, der durch den Mund in die Nase hochsteigt. Würden wir beim Essen nichts riechen, wäre die Mahlzeit geschmacklos.

Die Geschmacksrezeptoren sind auf der Zunge und in der Mundhöhle verteilt. Sie nehmen die Aromastoffe von flüssigen oder verflüssigten Speisen auf und leiten diese Geschmacksreize als Impulse zum Gehirn weiter, wo die Geschmacksinformation mit anderen Geschmackserfahrungen verglichen oder als neue Geschmackrichtung registriert wird.

Die Zunge kann vier Geschmacksempfindungen unterscheiden: süß, sauer, salzig und bitter. Die meisten Nahrungsmittel enthalten mehrere Geschmacksrichtungen; ein Bonbon z. B. kann süß und sauer schmecken, die Grapefruit sogar süß, sauer und bitter. Süßes nehmen wir nur mit der Zungenspitze wahr, bittere Stoffe schmecken wir ausschließlich auf dem hinteren Teil der Zunge.

In den nachfolgenden Spielen geht es einerseits um viele und unterschiedliche Geschmackserfahrungen, andererseits um Spielsituationen, in denen die Kinder Handeln, Erfahren und Sprache-Lernen als vielseitige Wahrnehmung erleben. Die Wörter, die es gibt, um einen Geschmack so treffend wie möglich zu beschreiben, lernen die Kinder von Ihnen.

Probierbuffet

- *Mitspieler:* Kleine Gruppe, Kinder ab 5 Jahren.
- *Material:* Viele Lebensmittel mit unterschiedlichem Geschmack.
- *Spielvorbereitung:* Die Probierhäppchen werden in Tellern oder Schälchen bereitgestellt, sodass für jedes Kind ein Stückchen da ist.

- **Spieldurchführung:** Sie reichen jeweils einen Teller herum und jedes Kind nimmt sich davon. Dann wird geschmeckt, gekaut und gelutscht, und zwar so lange, bis alles aufgeweicht ist, die Geschmacksstoffe frei werden und am intensivsten geschmeckt werden kann. Nun versuchen die Kinder mit eigenen Worten diesen Geschmack zu beschreiben. Dabei können Sie Begriffsvorschläge geben. Wenn kein Wort so richtig passt, erfinden die Kinder ein neues.
Das könnte auf dem Probierbuffet angeboten werden: Salzige Erdnüsse, Erdnüsse ungesalzen, Mandeln, Brotrinde, Trauben, Grapefruit, Saure Gurke, Saurer Apfel, Süßer Apfel.

Der Geruchssinn

Wir atmen täglich etwa 23000-mal, und jedes Mal ist der Geruchssinn aktiviert, auch wenn wir nicht darauf achten. Der Mensch kann mehrere tausend Duftstoffe unterscheiden, aber es gibt nur wenig Worte, die unterschiedlichen Düfte zu beschreiben. Meist begnügen wir uns damit, zu erklären, ob es ein angenehmer oder unangenehmer Geruch ist.

Riechen und malen

Wie schade, dass Düfte unsichtbar sind und so schnell wieder verduften. Welche Farben hätten wohl die feinen Blumenwiesendüfte, die erdigen Walddüfte, die klaren Bergdüfte? Hier ein Spiel, bei dem die Kinder Düfte sichtbar werden lassen können.
- *Mitspieler:* Kleine Gruppe, Kinder ab 5 Jahren.
- *Material:* Marmeladeglas mit dicht schließendem Deckel, Wattebausch, ätherisches Öl, z. B. Eukalyptus oder Orange oder eine Weihnachts- oder Frühlingsduftmischung, für jedes Kind Malpapier und Farben.
- *Spielvorbereitung:* Sie wählen nur ein Duftöl aus, beträufeln damit einen Wattebausch mit 5 bis 8 Tropfen, stecken diesen in das Glas und schließen den Deckel. Nach ein paar Stunden den Wattebausch herausnehmen und das Glas wieder verschließen. Der Duft bleibt im Glas, aber nichts ist zu sehen.
- *Spieldurchführung:* Die Kinder sitzen am Tisch, Papier und Farbstifte liegen bereit. Dann wird das duftende Glas herumgereicht, jeder öffnet kurz den Deckel, schnuppert den Duft, gibt das wieder verschlossene Glas weiter und malt jetzt ein buntes Bild für diesen Geruch.

Der Sehsinn

In erster Linie orientieren wir uns mit den Augen in der Welt. Wir sehen Licht, Formen, Farben, Bewegungen und Größen. Wir vertrauen dem, was wir sehen, und beziehen die meisten Informationen über diese Sinnesquelle. Wer kann mit Worten beschreiben, was die Augen wahrnehmen? Häuser, Straßen, Gärten, Wiesen. Mit diesen Wörtern ist noch gar nicht viel ausgedrückt. Denn wie genau sehen die Häuser, die Straßen, die Gärten aus? Welche Farben, Formen und Größen haben sie? Die Augen nehmen in wenigen Minuten so viele Informationen auf, dass wir stundenlang reden müssten, um alles mit Worten aufzuzählen, was wir sehen.

Ganzheitliche Sprachförderung

 ## Wir sehen viel zu viel

- *Mitspieler:* Kleine Gruppe, Kinder ab 5 Jahren.
- *Spielverlauf:* Die Kinder versammeln sich am Fenster. Sie schauen hinaus und einer nach dem anderen berichtet, was er sieht. Muntern Sie die Kinder auf, ganz genau zu schauen und alles zu beschreiben, was es draußen zu sehen gibt. Wenn ein Kind z. B. die Fenster eines Hauses aufzählt, dann fragen Sie weiter: Gibt es Fensterläden? Sind die Fenster geschlossen? Sieht man Vorhänge? Gibt es Blumen am Fenster? Schaut jemand heraus? Usw. Wenn die Kinder genug vom Schauen und Berichten haben, machen Sie auf das Phänomen aufmerksam, dass keiner mit Worten alles beschreiben kann, was er mit seinen Augen alles sieht.

 ## Eingerahmte Bodenbilder

Bei diesem Spiel lernen die Kinder, dass sie mehr erkennen und aufmerksamer schauen, wenn sie sich auf einen Ausschnitt konzentrieren. Deshalb bekommt das „Anschauungsmaterial" einen kleinen Rahmen und die Kinder betrachten und beachten nur noch das, was innerhalb dieses Rahmens zu sehen ist.

- *Mitspieler:* Kleine Gruppe, Kinder ab 5 Jahren.
- *Material:* Papier- oder Pappstreifen, etwa 30 cm lang, mit jeweils vier Streifen wird ein Rahmen gelegt.
- *Spielvorbereitung:* Jeweils zwei Kinder spielen zusammen und erhalten vier Pappstreifen. Alle versammeln sich im Garten.
- *Spieldurchführung:* Die Kinder suchen sich eine Stelle auf dem Erd- oder Wiesenboden aus, legen ihre vier Pappstreifen wie einen Rahmen auf den Boden und betrachten und beachten nur noch das, was in diesem Rahmen zu sehen ist. Jetzt kann man viele kleine Details sehen, die Gräser, Blätter, Steinchen, vielleicht einen Käfer, der natürlich aus dem Rahmen

141

hinauskrabbeln darf. Weil die Kinder zu zweit sind, können sie miteinander reden, auf alles zeigen und bei diesem Austausch die Dinge beim Namen nennen. Später kommen alle Kinder wieder zusammen, beschreiben ihre Bodenbilder oder mindestens 5 Dinge davon, an die sie sich noch erinnern.

 Fernrohr

Auch damit geht das Sehen einfacher, konzentrierter, detaillierter, weil der Weitblick durch das Fernohr eingeschränkt wird.
- *Mitspieler:* Kleine Gruppe, Kinder ab 4 Jahren.
- *Material:* Pappröhre, Buntpapier, Klebstoff.
- *Spielvorbereitung:* Jedes Kind bastelt aus einer Pappröhre sein eigenes Fernrohr, indem es die Pappröhre bunt beklebt.
- *Spieldurchführung:* Alle Mitspieler treffen sich an einem Ort, drinnen oder draußen, und schauen durch ihr Fernrohr die Umgebung an. Jeder wird etwas anderes sehen und erkennen, und das teilt er den anderen mit. Also werden reihum die Kinder aufgefordert, zu erzählen, was sie durch ihr Fernrohr betrachten und erkennen. Die anderen Kinder überlegen, wo die Stelle sein kann und versuchen, diese mit ihrem eigenen Fernrohr anzupeilen.

Gegensätze sehen

- *Mitspieler:* Kleine Gruppe, Kinder ab 4 Jahren.
- *Spielvorbereitung:* Alle Mitspieler sitzen im Kreis.
- *Spieldurchführung:* Sie sind Spielleiter und stellen Aufgaben. Jedes Kind oder jeweils zwei Kinder miteinander suchen mit den Augen, wonach Sie fragen. Von ihren Plätzen aus versuchen die Kinder Gegenstände zu entdecken, auf die die Beschreibung passt. Haben sie etwas gefunden, erklären sie, was es ist. Nennen Sie immer zwei gegensätzliche Dinge, z. B.:
  - Sucht etwas Langes und etwas Kurzes.
  - Sucht etwas Spitzes und etwas Stumpfes.
  - Sucht etwas Rundes und etwas Eckiges.
  - Sucht etwas Buntes und etwas Einfarbiges.
  - Sucht etwas Helles und etwas Dunkles.

Der Hörsinn

Was wir hören, sind Töne und Geräusche, die als Schallwellen durch die Luft getragen und von der Ohrmuschel aufgefangen werden. Die Schwingungen werden weiter transportiert, Gehörgang, Trommelfell, Gehörknöchelchen, Innenohr-Schnecke und Flimmerhärchen sind daran beteiligt. Die Rezeptoren sind diese Flimmerhärchen. Sie übertragen die Information in Nervenreize, die zum Gehirn weitergeleitet und dort decodiert werden.
Hören ist ein komplexer Vorgang, denn wir erkennen nicht nur Töne, Klänge und Rhythmen, sondern stellen auch die Lautstärke, die Richtung und die Entfernung der Schallquelle fest. Das Hören ist die wichtigste Sinneswahrnehmung, wenn es um die Sprache geht. Richtiges Sprechen wird über das Hören gelernt, und so wirken sich Hörstörungen oder Einschränkungen der Hörfähigkeit stark auf die Entwicklung des Sprechvermögens aus. Konzentrationsschwäche, Aggressivität, verspätet einset-

zende Sprachentwicklung, eine eher monotone Sprachmelodie und auch Aggressivität können Auswirkungen einer eingeschränkten Hörfähigkeit sein. In solchen Extremfällen wird deutlich, wie wichtig das Hören und die Beschäftigung mit dem Hörsinn für die Sprach- und Sprechentwicklung sind.

Öffnen und schließen

Mit viel Hörerfahrungen können wir Material und Größe oder Volumen eines Gegenstandes hören und auch hörend erkennen, was ein anderer damit macht. Bei diesem Spiel werden Hörwahrnehmungen in Worte übertragen – eine interessante Form von Sprachförderung.
- *Mitspieler:* Kleine Gruppe, Kinder ab 4 Jahren.
- *Material:* Dinge aus dem Alltag, bei denen beim Öffnen und Schließen ein Geräusch zu hören ist.
- *Spielvorbereitung:* Die Kinder sitzen im Kreis, alle Sachen liegen in der Mitte.
- *Spieldurchführung:* Ein Kind schließt die Augen, ein Mitspieler geht in die Mitte, öffnet und schließt etwas und geht wieder an seinen Platz zurück. Erst jetzt darf das Kind die Augen wieder öffnen und sagen, was es hörte und von welchem Gegenstand die Geräusche gekommen sein könnten. Hier ein paar Spielbeispiele:
– Klettverschluss aufreißen und wieder aufeinander drücken.
– Holzkästchen öffnen und schließen.
– Spieldose öffnen und schließen.
– Buch aufschlagen, geräuschvoll blättern und mit Schwung zuschlagen.
– Papiertüte öffnen und wieder zusammendrücken.
– Topfdeckel vom Topf abnehmen und wieder auf den Topf setzen.

Hörtest

Bei diesem Spiel erleben die Kinder, dass ein gutes Gehör etwas Besonderes ist.
- *Mitspieler:* Kleine Gruppe, Kinder ab 4 Jahren.
- *Material:* Ein kleiner Gegenstand, z. B. eine Büroklammer oder Stecknadel.
- *Spielvorbereitung:* Ein Kind ist der Tester und sitzt am Tisch, ein anderes steht einen Schritt davon entfernt, mit dem Rücken zum Tisch. Die anderen Kinder sitzen dabei, schauen, hören und beobachten und sind vor allem mucksmäuschenstill.
- *Spieldurchführung:* Der Tester nimmt den kleinen Gegenstand und lässt ihn auf den Tisch fallen. Kann das Kind etwas hören? Das muss es selber sagen. Wenn ja, geht es einen Schritt weiter vom Tisch. So geht das Testspiel immer weiter, bis der Ton des fallenden Gegenstandes nicht mehr zu hören ist. Dann werden die Rollen getauscht, danach sind zwei andere Kinder an der Reihe.

Aus welcher Richtung kommt der Ton?

- *Mitspieler:* Kleine Gruppe, Kinder ab 4 Jahren.
- *Material:* Leise klingende Musikinstrumente.
- *Spielvorbereitung:* Die Kinder stehen in einem Kreis, etwas voneinander entfernt. Jedes Kind hat ein Instrument in der Hand.
- *Spieldurchführung:* Ein Kind steht in der Kreismitte und hält sich die Augen zu, der Spielleiter zeigt auf ein Kind im Kreis, das auf seinem Instrument einen leisen Ton spielt. Das Kind in der Mitte muss nun genau in die Richtung des Spielers zeigen. Drei Raterunden hat jedes Kind, dann wird gewechselt.
- *Spielvariante:* Jetzt wird es schwieriger, denn zwei Kinder spielen gleichzeitig einen Ton, und das Kind in der Mitte muss mit beiden Händen in die beiden Richtungen zeigen.

Der Tiefensinn

Das ist nicht der berühmte sechste Sinn, sondern eine Beschreibung der Körperwahrnehmung, die wir brauchen, um uns im dreidimensionalen Raum bewegen zu können. Deshalb könnte dieser Sinn auch als Bewegungs'-Sinn bezeichnet werden. Der Tiefensinn liefert nicht nur Informationen über den Körper und seine Bewegungsabläufe, sondern auch über die Orientierung im Raum. Unser Gehirn wird ständig mit Informationen des Tiefensinnes versorgt. Mithilfe dieser Sinnesleistungen steuert der Körper die Bewegungen der Gliedmaßen, den Krafteinsatz der Muskeln, die Balance, den Bewegungsablauf auf alle möglichen Arten. Auch für das Sprechen benötigen wir den Tiefensinn, denn das Gehirn muss zu jedem Zeitpunkt die Stellung des Sprechapparats kontrollieren und die Bewegungskoordination überwachen und beeinflussen.

Ganzheitliche Sprachförderung

Große Uhren, kleine Uhren

Große Uhren gehen
tick - tack - tick - tack.
Kleine Uhren gehen
ticke - tacke - ticke - tacke.
Und die kleinen Taschenuhren machen
ticketacke - ticketacke - ticketacke - ticketacke.

- *Mitspieler:* Große oder kleine Gruppe, Kinder ab 3 Jahren.
- *Spieldurchführung:* Der Text dieses bekannten Liedes wird gesprochen, die Kinder agieren auf folgende Weise:
  1. und 2. Zeile: Die Kinder sprechen langsam und mit tiefer Stimme, stehen breitbeinig da und wiegen im Sprechrhythmus ihren Oberkörper von einer Seite zur anderen wie das Pendel einer großen Uhr.
  3. und 4. Zeile: Jetzt sprechen die Kinder etwas höher und etwas schneller, die Arme sind die Pendel der kleinen Uhren und schwingen vor dem Oberkörper hin und her oder auch neben dem Körper vor und zurück.
  5. und 6. Zeile: Jetzt sprechen die Kinder ganz hoch, die erhobenen Zeigefinger sind die Pendel der Taschenuhren, sie wackeln im schnellen Sprechrhythmus hin und her.

Bewegen, ohne zu sehen

- *Mitspieler:* Kleine Gruppe, Kinder ab 4 Jahren.
- *Spielvorbereitung:* Die Kinder verteilen sich so, dass sie genügend Abstand voneinander haben.
- *Spieldurchführung:* Sie stellen verschiedene Aufgaben und die Kinder versuchen, diese mit geschlossenen Augen auszuführen.

Mögliche Aufgaben:
- An die Nase fassen.
- In die Hocke gehen.
- Am Rücken kratzen.
- Auf einem Bein stehen.
- Hinter dem Rücken in die Hände klatschen.
- Den Ellbogen anfassen.
- Mit beiden Händen an die Fersen fassen.
- Mit dem Kopf den Boden berühren.

 Kunststücke

Bei diesem Spiel lernen die Kinder ihren Körper neu kennen, staunen, was sie alles können und nehmen wahr, wo die Grenzen des Leistbaren sind. Darüber gibt es mit den Kindern viel zu reden, vor allem über die Achtsamkeit gegenüber dem eigenen Körper und dem Körper des anderen.

- *Mitspieler:* Kleine Gruppe, Kinder ab 4 Jahren.
- *Spielvorbereitung:* Die Kinder verteilen sich im Raum, sodass jeder ausreichend Spielraum für seine Bewegungen hat.
- *Spieldurchführung:* Sie machen eine Bewegung vor, beschreiben auch mit einfachen, aber treffenden Worten, was Sie gerade tun, und die Kinder machen alles nach, z. B.:
- Wie weit könnt ihr die Arme hochstrecken?
- Wie weit könnt ihr die Arme nach hinten strecken?
- Wie weit könnt ihr den Kopf nach vorne neigen?

- Wie weit könnt ihr im Stehen den Oberkörper vornüber beugen? Was machen die Arme dabei?
- Wie weit könnt ihr die Beine grätschen?
- Könnt ihr die Fußspitzen nach außen drehen und die beiden Versen dicht nebeneinander führen? Was machen die Knie dabei?
- Könnt ihr die Fußspitzen zueinander drehen und die Versen nach außen drehen? Was machen jetzt die Knie?
- Könnt ihr in die Hocke gehen und ganz kugelrund und klein werden? Was macht der Rücken dabei? Wo sind jetzt die Arme?
- Könnt ihr mit den Händen hinter die Kniekehlen fassen? Was macht der Oberkörper dabei?
- Krümmt den Oberkörper, so gut es geht.
- Und zuletzt: Streckt euch in alle Richtungen tüchtig aus!

Schaufensterpuppe

Bei diesem Spiel geht es um den vorsichtigen Umgang mit dem Körper des anderen.

- *Mitspieler:* Kleine Gruppe, Kinder ab 5 Jahren.
- *Material:* Lustige Hüte.
- *Spielvorbereitung:* Zwei Kinder beginnen. Sie stehen in der Mitte, die anderen Mitspieler stehen rundum und schauen zu.
- *Spielregel:* Ein Kind ist die Schaufensterpuppe, das andere ist der Dekorateur, der die Puppe in eine bestimmte Position bringen muss. Er wird vielleicht einen Arm hochstrecken, ein Bein vorstellen und den Oberkörper vorbeugen. Der Dekorateur muss immer auch mit Worten ausdrücken, was er gerade tut oder tun will, damit es die Schaufensterpuppe weiß. Wenn dem Dekorateur die Ideen ausgehen, können Sie ihm mit weitere Anregungen aushelfen. Die Schaufensterpuppe darf sich nicht von selbst bewegen, sondern sich nur bewegen lassen. Zum Schluss bekommt die Schaufensterpuppe einen Hut aufgesetzt und die Zuschauer applaudieren.

Sprachverständnis und Sprachspaß

Die Entwicklung des Sprachverständnisses

Schon mit wenigen Monaten lauscht ein Kind der Sprachmelodie, dem Klang der Stimme und dem Rhythmus des Satzes. Die Worte und deren Sinngehalt versteht es noch nicht, erst mit etwa einem Jahr erkennt das Kind einzelne Wörter, mit $1^{1/2}$ Jahren versteht es einfache Aussagen und Aufforderungen. Es plappert in seiner Kindersprache munter drauflos und alles nach. Etwas später entdeckt das Kind, dass Wörter und Sätze eine Bedeutung haben. Es schaut jetzt dem Erwachsenen interessiert zu, was dieser mit den Sachen macht, und hört genau zu, was er dazu sagt. Dabei lernt es, dass ein Begriff nicht nur für eine einzige Handlung eingesetzt wird, sondern in verschiedenen Situationen gebraucht werden kann. Parallel dazu differenziert das Kind die Begriffsinhalte weiter aus. Versteht es beispielsweise unter „Wauwau" zunächst nur einen ganz bestimmten Hund, dann unterdehnt es den Begriff, bis ihm klar wird, dass alle Hunde so bezeichnet werden können. Versteht es unter „Wauwau" alle Tiere, die ein Fell haben, wird es bald den begrifflichen und inhaltlichen Unterschied zu anderen Tieren erkennen – es hat den Begriff überdehnt. Langsam ist das Kind in der Lage, nicht situationsgebundene Aufforderungen und Begriffe zu verstehen.

Mit zwei Jahren hat das Kind viele Erfahrungen mit unterschiedlichen Gegenständen gemacht und viele Aktivitäten selber ausgeführt. Es weiß die Namen vieler Dinge und was man damit macht. Das vielschichtige Sprachverständnis nimmt zu.

Mit drei Jahren kann das Kind sein Wissen und sein Sprachvermögen vor allem mit Fragen erweitern. Es versteht jetzt sprachliche Besonderheiten wie Gegensätze oder Steigerungen, auch das grammatische Sprachvermögen nimmt zu, was für sein Zeit- und Raumverständnis wichtig ist.

Mit vier Jahren versteht das Kind alle Sachverhalte und Aufgaben, die seinen eigenen Lebensbereich betreffen. Das Kind spricht in vollständigen Sätzen, kann sprachlich mit Vergangenheit und Zukunft umgehen und Nebensätze bilden.

Mit sechs Jahren ist der Grundwortschatz vorhanden. Jetzt ist das Kind vor allem neugierig auf Wörter aus speziellen Sachgebieten. Sein Wissensinteresse betrifft die ganze Welt und es hat verstanden, dass es mithilfe der Sprache die Welt kennen lernen kann. Es ist reif für die Schule.

 Was macht man damit?

Bei diesem Spiel versuchen die Kinder, die Eigenschaften und Verwendungsmöglichkeiten von Alltagsgegenständen zu beschreiben. Zusammenhänge werden so klar, und die Kinder lernen neben neuen Begriffen und Formulierungen die Vielseitigkeit der Sprache.

- *Mitspieler:* Kleine Gruppe, Kinder ab 4 Jahren.
- *Material:* Verschiedene Bastel- oder Haushaltssachen, z. B. Bleistift, Löffel, Kamm, Zahnbürste, Hammer, Beißzange, Briefmarke, Büroklammer, Sparbüchse, Trinkbecher, Lineal.
- *Spielvorbereitung:* Die Kinder sitzen im Kreis, die Sachen liegen in der Mitte.
- *Spieldurchführung:* Sie beginnen das Spiel und fragen ein Kind: „Was machst du mit ...?" (einen Gegenstand nennen). Das Kind steht auf, sucht den Gegenstand (kennt es ihn?) und zeigt oder erklärt den anderen, was man damit macht. Es kann zusätzliche Dinge holen, um den anderen zu demonstrieren, was es gemeint hat, z. B. bei der Büroklammer ein paar Zettel holen und alle zusammenklemmen.

Sprachverständnis und Sprachspaß

Ist das Kind mit seiner Vorstellung fertig, wählt es einen neuen Gegenstand aus (nur schauen, nicht in die Hand nehmen) und fragt einen Mitspieler: „Was machst du mit ...?"

 Was gehört zusammen?

- *Mitspieler:* Kleine Gruppe, Kinder ab 4 Jahren.
- *Material:* Jeweils zwei Dinge, die man zusammen benützt, z. B. Teller und Löffel, Nagel und Hammer, Malstift und Papier, Kochlöffel und Topf.
- *Spielvorbereitung:* Tragen Sie eine ganze Menge Dinge zusammen, damit genügend Auswahl zur Verfügung steht. Alles liegt auf dem Tisch. Die Kinder stehen um den Tisch.
- *Spieldurchführung:* Sie sind Spielleiter, nehmen einen Gegenstand in die Hand und fragen: „Was gehört dazu?" Wer es weiß, greift schnell danach und hält es in die Höhe. Die beiden Sachen werden genannt, es wird erklärt, warum sie zusammengehören, dann werden sie wieder zurückgelegt.
- *Spielvariante:* Sie fragen nach Dingen, die man für eine Arbeit braucht, z. B. „Ich möchte ein Bild malen, was brauche ich dazu?" Oder: „Ich möchte kochen, was brauche ich dazu?" Wer es weiß, hebt die Hand. Sie wählen einen Mitspieler aus, der die benötigten Dinge vom Tisch nimmt, hochhält und benennt.

Handwerkszeug

Handwerker benützen besonderes Werkzeug und für Kinder ist es interessant zu erfahren, was man damit macht und wie es heißt. Die Besonderheit bei diesem Spiel: Die Handwerker werden in den Kindergarten eingeladen und sollen auch ihren Werkzeugkoffer mitbringen mit all den Sachen, die die Kinder anschauen und anfassen dürfen.
- *Mitspieler:* Kleine oder große Gruppe, Kinder ab 4 Jahren.
- *Spielvorbereitung:* Ein Handwerker wird eingeladen, vielleicht ein Elternteil eines der Kinder.
- *Spieldurchführung:* Der Handwerker erzählt von seiner Arbeit und zeigt ein paar Dinge aus seinem Werkzeugkasten, die Kinder dürfen das Handwerkszeug begutachten und stellen Fragen.

Störungen des Sprachverständnisses

Störungen im Sprachverständnis fallen zunächst nicht unbedingt auf, denn es gibt einfach Kinder, die nicht viel sprechen. Anzeichen für eine Störung sind aber beispielsweise:
- Die Verwendung von Phrasen und formelhaften, immer gleichen Redewendungen.
- Das häufige Verwenden von Passe-par-tout-Wörtern, also allgemeine Worthülsen, die zu vielen Dingen und Handlungen passen, z. B. das Ding, diese Sache, das da, tu' es doch, das mache ich.
- Ein sehr kleiner Wortschatz.
- Seltenes Nachfragen oder stereotype Fragen mit gleich lautenden Formulierungen wie z. B. „Kann ich Saft haben?", „Kann ich Ball haben?"
- Die Kinder beantworten Fragen oft mit „Ja" oder „Nein" oder sie wiederholen, was der andere gefragt hat, z. B. auf die Frage „Gegen wir in den Garten?" kommt die Antwort: „Gehen in den Garten!"

Sprachverständnis und Sprachspaß

Die Kinder nehmen die Sprache eher wie ein Hintergrundgeräusch wahr und benutzen sie nicht oder nur sehr eingeschränkt als Kommunikationsmittel, mit dem man mit anderen in Kontakt kommen und seine Wünsche und Ideen austauschen kann.

Verzögerung der Sprachentwicklung

Von Sprachentwicklungsverzögerung spricht man, wenn das Sprachverständnis nicht altersadäquat, sondern mangelhaft ausgebildet ist. Die Ursachen solcher Verzögerungen sind vor allem darin zu sehen:
– In vielen Familien gibt es keine Zeit mehr für Gespräche miteinander.
– Der Fernsehkonsum ersetzt die Unterhaltung in der Familie, es fehlt der aktive Sprachgebrauch.
– Ist die Muttersprache nicht deutsch, lernen die Kinder häufig weder ihre ausländische Muttersprache noch die deutsche Sprache richtig.

Hilfen für das Sprachverständnis

Eines ist klar: Sprachverständnis erwirbt das Kind nur im Gespräch mit anderen. Eine ausgeprägte Störung des Sprachverständnisses sollte mit einer Therapie behandelt werden. Bei Sprachentwicklungsverzögerungen können Erzieherinnen im Kindergarten fördernd eingreifen: Mit vielen Spielen, bei denen die Kinder sich unterhalten, die Bedeutung ihrer Aussagen erfahren, die Wirkung der Worte erleben und hören, dass andere Kinder das Gleiche mit anderen Worten sagen.

Hilfen geben

Wenn ein Kind Schwierigkeiten mit der Sprachentwicklung hat, überschütten Sie es nicht mit Sprache. Halten Sie sich an diese drei Regeln.
- Wenn Sie mit dem Kind sprechen, versichern Sie sich, dass das Kind ihnen aufmerksam zuhört.
- Sprechen Sie mit kurzen, prägnanten Sätzen.
- Setzen Sie beim Sprechen Ihre Mimik und Gestik eindeutig und zielgerichtet ein.

Was brauche ich dazu?

Die Kinder überlegen, was sie wissen, kombinieren mit ihren eigenen Erfahrungen und versuchen, das Ergebnis in Worte zu fassen.
- *Mitspieler:* Kleine Gruppe oder große Gruppe, Kinder ab 4 Jahren.
- *Spielvorbereitung:* Die Kinder sitzen zusammen, hören die Fragen, dürfen auch beim Nachdenken miteinander reden und wer sich getraut, die Antwort zu geben, hält die Hand hoch. Der Spielleiter sucht aus, wer reden darf.
- *Spieldurchführung:* Sie sind Spielleiter und stellen eine Frage aus einem Bereich des Kindergartenalltags. Ihre Frage beginnt immer mit der gleichen Formulierung: „Was brauche ich ...?" Und so könnte Ihre Frage weitergehen: „..., wenn ich ein Bild malen möchte?"

Die Hauptsache bei diesem Spiel ist, dass die Kinder sich in das Thema eindenken, sich die Utensilien vorstellen und ihr Wissen in Worten wiedergeben. Die Fragen sollten so gestellt werden, dass verschiedene Antworten möglich sind. Weitere Beispiele für Fragen:

Sprachverständnis und Sprachspaß

Was brauche ich,
- wenn ich Blumen gießen möchte?
- um Musik hören zu können?
- wenn ich an meine Oma einen Brief schreiben möchte?
- wenn ich eine Burg bauen möchte?

Handy-Spiel

Ein gebasteltes Handy regt zu fantasievollen Gesprächsspielen an. Ein Nebenaspekt: Die Kinder sprechen von sich aus lauter, deutlicher, langsamer und hören auch besser zu.
- *Mitspieler:* Kleine Gruppe, Kinder ab 4 Jahren.
- *Material:* Kleine Schachteln, Strohhalm als Antenne, verschiedene Stifte und Bastelutensilien zum Bemalen und Bekleben, Schere, Klebstoff, ein altes Handy zum Anschauen, was alles an so einem Gerät dran ist.
- *Spielvorbereitung:* Die kleine Schachtel bekommt an einer Seite ein Loch, hier wird die Antenne hineingesteckt. Mit Farben, Knöpfen und Perlen erhält die Schachtel ihr technisches Aussehen. Jedes Kind gestaltet sein eigenes Handy.
- *Spieldurchführung:* Die Kinder sitzen mit ihren Handys im Kreis. Der Spielleiter wählt zwei Spieler aus, die sich in die Mitte setzen, und zwar Rücken an Rücken, sodass sie sich nicht sehen. Dann flüstern Sie einem der beiden Spieler ein Urlaubsziel ins Ohr. Dieser erzählt nun dem anderen per Handy, wo er ist, wie es dort aussieht und was er jetzt tun will. Der andere kann Fragen stellen und mitreden, wenn ihm etwas dazu einfällt.

Ich-Botschaften

Ein wichtiger Schritt in der Entwicklung ist getan, wenn ein Kind von sich selbst etwas mitteilt und dabei seinen Namen nennt. Das geschieht meist im Laufe des 2. Lebensjahres. Einige Monate später kommt der große Augenblick und das Kind setzt statt seines Namens das Wort „ich" ein, verbunden mit der Gewissheit, dass alle wissen, dass es sich selbst meint. Dieser Schritt sollte bis zum 4. Lebensjahr vollzogen sein.

 ## Jetzt rede ich

Anfangs werden sich vor allem ältere oder „mutigere" Kinder ans Rednerpult trauen, mit der Zeit gewöhnen sich alle Kinder daran und es ist keine Besonderheit mehr, am Rednerpult seine Meinung oder eine Geschichte zum Besten zu geben. Dieses Spiel übt die Sprachgewandtheit und fördert gleichzeitig das Selbstvertrauen.
- *Mitspieler:* Kleine oder große Gruppe, Kinder ab 5 Jahren.
- *Material:* Ein Tisch oder ein großer Karton wird zum Rednerpult umdekoriert.
- *Spielvorbereitung:* Die Kinder sitzen im Kreis, das kann auch der tägliche Morgenkreis oder die Kinderkonferenz sein.
- *Spieldurchführung:* Wer etwas sagen will, geht zum Rednerpult, die anderen dürfen so lange nicht sprechen, bis der Redner wieder an seinen Platz geht. Es werden persönliche Stellungnahmen vorgetragen und viele Ich-Sätze fallen. Für die jüngeren Kinder ein gutes Vorbild, für die älteren Kinder eine Anerkennung und Bestätigung ihrer Selbstständigkeit, die mit ihrer Sprache zum Ausdruck kommt.

Und was gibt es da zu reden? Beispielsweise das:
– Die Kinder erzählen von einem Erlebnis.
– Sie sagen, was ihnen heute gefallen oder nicht gefallen hat.

Zeitverständnis

Sprache bietet uns die Möglichkeit, über etwas zu kommunizieren, unabhängig davon, ob die genannten Personen, Dinge, Erlebnisse oder Handlungen um uns herum sichtbar sind oder nicht. Damit ist eine wichtige kognitive Leistung verbunden, die eine Vorstufe zum logischen Denken in kausaler Abfolge darstellt. Die zeitliche Einordnung spielt dabei eine wichtige Rolle. Mit etwa drei bis 4 Jahren hat das Kind die Fähigkeit, Sachverhalte der Vergangenheit oder Zukunft sprachlich korrekt auszudrücken. Es kann sagen, ob etwas bereits geschehen ist, gerade passiert oder morgen geschehen wird. Das lernen und üben die Kinder in den nachfolgenden Spielen.

Hier und heute

Am Vormittag, wenn alle Kinder schon die ersten Spiele, Erlebnisse und Begegnungen hinter sich haben, findet ein kleines Treffen statt. „Was hast du heute erlebt?" Diese Frage beantwortet jedes Kind. Es erfährt mit den vielen Berichten der anderen, wie vielseitig und ereignisreich so ein Vormittag sein kann. Und dabei sind doch nur ein paar Stunden vergangen!

- *Mitspieler:* Große Gruppe, Kinder ab 3 Jahren.
- *Material:* Ein bunt verzierter Stab als Redestab.
- *Spielvorbereitung:* Die Kinder setzen sich zu einem Kreis zusammen, jeder soll jeden sehen können, dann ist die Aufmerksamkeit größer.
- *Spieldurchführung:* Die Kinder erzählen ganz kurz, was sie heute Morgen erlebt haben. Der Redestab geht reihum und bestimmt den Redner. Wer nichts sagen will, kann auch mal aussetzen. Aber beim nächsten Mal sollte er es wagen und auch etwas erzählen.

Was ich gestern erlebt habe

Die Kinder erinnern sich an den gestrigen Tag und teilen den anderen mit, was ihnen da am wichtigsten war.
- *Mitspieler:* Kleine oder große Gruppe, Kinder ab 3 Jahren.
- *Material:* Viele Kieselsteine oder kleine Bälle in einem Korb.
- *Spielvorbereitung:* Die Kinder sitzen im Kreis, wer etwas erzählen möchte, nimmt sich einen Stein oder Ball. Später, wenn das Kind an der Reihe war, wird es den Stein oder Ball wieder zurücklegen. So sieht jeder, wer noch etwas sagen will und alle wissen, wer noch an die Reihe kommen wird. Das beruhigt die Gemüter und die Kinder können besser zuhören.
- *Spieldurchführung:* Sie sind Moderatorin und bestimmen die Reihenfolge. Die Kinder erzählen von einem gestrigen Erlebnis. Findet ein Kind vor lauter Erzähl-Eifer keinen Schluss, dann helfen Sie ihm ein Ende zu finden, bevor die Geduld der Zuhörer überstrapaziert wird.

 ## Was ich morgen spielen werde

Jetzt geht es um die Zukunft, eine nahe Zukunft, um den nächsten Tag. Bevor die Kinder nach Hause gehen, gibt es diese Erzählrunde.
- *Mitspieler:* Kleine oder große Gruppe, Kinder ab 3 Jahren.
- *Spielvorbereitung:* Die Kinder machen es sich in der Kuschelecke gemütlich.
- *Spielverlauf:* Diesmal gibt es weder einen Erzählstein noch eine Moderation. Wer etwas erzählen will, legt los. Melden sich zwei Kinder gleichzeitig zu Wort, sprechen sie selber miteinander ab, wer zuerst an die Reihe kommt. Achten Sie bei den Erzählungen der Kinder auf richtige Formulierungen.

Das möchte ich einmal machen

Nun geht es um die ferne Zukunft. Das Gesprächsthema sollte etwas sein, das die Kinder wirklich betrifft, wofür sie sich interessieren und worunter sie sich etwas vorstellen können. Nur dann werden sie Spaß am Erzählen haben, sich am Ausdenken ihrer Zukunftsideen ereifern und auch gerne den anderen zuhören.

- *Mitspieler:* Kleine Gruppe, Kinder ab 5 Jahren.
- *Spielvorbereitung:* Der Treffpunkt wird vereinbart. Jeder darf reden, so lange er will, denn die Gesprächsrunde ist klein.
- *Spielverlauf:* Er geht reihum, der Älteste beginnt. Und Ihre Aufgabe ist, den einen oder anderen Satz, wenn er grammatisch nicht korrekt ausgesprochen wurde, nach der Methode des korrektiven Feedbacks zu verbessern und auch gleich eine Frage daran anzuschließen, um den kleinen Erzähler zum Weiterreden zu animieren.

Gesprächsthemen könnten sein:
- Wie ich mir das nächste Sommerfest vorstelle.
- So könnte der nächste Wandertag verlaufen.
- Ich möchte meinen Geburtstag im Kindergarten so feiern.
- Wenn ich groß bin, dann möchte ich ...

Zeit erleben

Was ist ein Tag, eine Woche, ein Monat, ein Jahr? Bis Kinder diese Zeiteinheiten verstehen, brauchen sie Jahre. Einen Tag verstehen, das geht noch relativ einfach, er beginnt mit Aufstehen und endet mit dem Zubettgehen. Doch was eine Woche, ein Monat oder sogar ein Jahr ist, das kann man keinem Kind erklären. Es wird diese Zeit erleben – und eines Tages wissen, wie lange dies alles ist. Vorschulkinder sollten bis zu diesem Zeitverständnis vordringen, eine Hilfe dazu sind die nachfolgenden Spiele.

 Nur eine Minute

Wie lang ist eine Minute? Das werden die Kinder bei diesem Spiel erleben, und – was noch wichtiger ist – danach darüber reden.
- *Mitspieler:* Kleine Gruppe, Kinder ab 5 Jahren.
- *Material:* Uhr mit Sekundenzeiger.
- *Spielvorbereitung:* Die Kinder stellen einen Stuhlkreis auf, bleiben aber vor ihren Stühlen stehen.
- *Spielregel:* Die Kinder raten, wie lange eine Minute dauert, denn so lange müssen sie stehen bleiben. Wer meint, die Minute ist um, setzt sich auf seinen Stuhl.
- *Spieldurchführung:* Sie sind Spielleiter und stoppen die Zeit. Ist die Minute verstrichen, sagen Sie „stop". Wer ist mit seiner Schätzung dieser Zeit am nächsten? Es ist derjenige, der sich kurz vorher gesetzt hat. Danach berichten die Kinder, wie es ihnen bei diesem Spiel erging. Sie werden über die Zeit reden, über die Vorstellung, die sie von ihr haben, und die Unterschiede in der Wahrnehmung von Zeit feststellen.

Zeitgespräche

- *Mitspieler:* Kleine Gruppe, Kinder ab 5 Jahren.
- *Spielvorbereitung:* Die Gruppe versammelt sich in einer ruhigen Ecke.
- *Spieldurchführung:* Sie stellen Fragen über Zeit-Wörter bzw. Zeit-Begriffe und die Kinder antworten. Es gibt keine falsche Antwort, denn jeder sagt, was er empfindet bzw. wie er diesen gefragten Zeitbegriff erlebt hat und versteht.
Mögliche Fragen: Was bedeutet:
– Ich komme gleich.
– Das dauert lange.
– Du musst ein Weilchen warten.
– Das mache ich später.
– Das muss sofort gemacht werden.
– Das passiert nachher.

Raumverständnis

Räume erkennen und Dinge in ihren räumlichen Beziehungen wahrzunehmen, setzt einen gewissen Erfahrungsschatz voraus. Der Mundraum ist der erste Raum, den das Kind ausgiebig wahrnimmt und womit es viele differenzierte Erfahrungen sammelt. Mit der tastenden Zunge im Mundraum lernt das Kind einen Gegenstand kennen, die Form, die Größe, die Beschaffenheit. Der Greifraum bietet weitere Erfahrungen, die nach und nach mit der Entwicklung des Greifens und der Erweiterung des Aktionsradius differenzierter werden. Erst wenn das Kind mit seinen Händen gezielt einen Gegenstand ergreifen, diesen mit den Händen abtasten und von einer Hand in die andere nehmen kann, dann ist eine dreidimensionale Erfahrung von den Dingen möglich. Und diese Wahrnehmung von Formen und Größen ist der Anfang des räumlichen Denkens. Der visuelle Raum steht zur Verfügung, sobald das Kind die Dinge ringsum betrachten, beobachten und mit den Augen verfolgen kann. Jetzt werden die Räume außerhalb des eigenen Körpers mit Interesse erforscht. Mit Wörtern können wir Orte oder Gegenden benennen oder beschreiben, ohne dort zu sein, z. B. kann sich fast jeder etwas darunter vorstellen, wenn er die Begriffe Garten, Parkanlage, Rathaus, Museum, Sportplatz, Zoo, Gasthaus oder Kino hört. Je nach eigener Erfahrung wird das innere Bild von diesen genannten Orten anders aussehen. Auch Kinder haben ihre Erfahrungen, sei es aufgrund von Ausflügen, Bilderbüchern, Filmen oder Berichten von anderen. Mithilfe von Sprache können Raumbeziehungen, Örtlichkeiten und ihre Besonderheiten in Erinnerung gerufen und anderen beschrieben werden. Das lernen und erfahren die Kinder bei den nachfolgenden Spielen.

Drinnen, draußen

- *Mitspieler:* Kleine Gruppe, Kinder ab 3 Jahren.
- *Spielvorbereitung:* Die Kinder stehen im Gruppenraum.
- *Spieldurchführung:* Sie fragen die Kinder, was sie hier drinnen im Gruppenraum alles sehen. Jedes Kind nennt einen Gegenstand. Dann fragen Sie die Kinder, ob sie auch etwas beschreiben können, was draußen im Garten ist. Schließlich werden Fragen gestellt über den Raum nebenan, über den Waschraum, den Keller unten und den Speicher oben. Zum Schluss gehen alle gemeinsam in die genannten Räume und schauen nach, ob das, was beschrieben wurde, auch wirklich in diesen Räumen zu sehen ist.

Drunter und drüber

Bei diesem Spiel wird der Raum durch Bewegung erobert, indem die Kinder alles umkreisen, überklettern, durchkriechen oder auf andere Weise auskundschaften.

- *Mitspieler:* Kleine Gruppe, Kinder ab 3 Jahren.

- **Spielvorbereitung:** Die Kinder sollten Kleider tragen, in denen sie sich frei bewegen und auch umherkriechen können.
- **Spieldurchführung:** Sie geben die Aktionen vor, z. B.:
- Im Garten um den Baum laufen, unter den Busch krabbeln, über den Sandkasten hüpfen, neben dem Weg gehen.
- Im Gruppenraum zur Tür laufen, um einen Stuhl gehen und unter ihm hindurchkriechen, über den Teppich krabbeln, unter den Tisch rutschen, sich neben das Fenster stellen.

Schatzkiste

- **Mitspieler:** Kleine Gruppe, Kinder ab 4 Jahren.
- **Material:** Eine selbst gebastelte, bunt verzierte Kiste als Schatzkiste wird mit Bonbons, Nüssen oder anderen Sachen zum Naschen gefüllt.
- **Spielvorbereitung:** Die Kinder stehen oder sitzen im Kreis.
- **Spieldurchführung:** Zwei Kinder ziehen los, verstecken die Schatzkiste in einem anderen Raum und kommen wieder in den Kreis zurück. Jetzt werden zwei Schatzsucher bestimmt und die beiden Schatzverstecker beschreiben nur mit Worten, wo der Schatz zu finden ist. Danach ziehen die Schatzsucher los und kommen mit der Schatzkiste wieder zurück. Jeder der vier bekommt aus der Kiste etwas zum Naschen, bevor die nächsten Spieler an der Reihe sind.

Fantasiereisen

Mit unseren Gedanken können wir die schönsten Reisen an die wunderbarsten Orte machen. Je nachdem, wie viel Erfahrung, Fantasie und Sprachgeschick die Kinder haben, können sie ihre Fantasiereise den anderen schildern. Wem die Worte fehlen, der kann auch einfach den Beschreibungen der anderen zuhören, dabei viele neue Worte hören, im Gedächtnis behalten und später selber anwenden.

- *Mitspieler:* Kleine Gruppe, Kinder ab 5 Jahren.
- *Material:* Decken, ruhige Musik.
- *Spielvorbereitung:* Die Kinder sitzen oder liegen so, dass niemand den anderen stört und jeder einen bequemen Platz hat.
- *Spielverlauf:* Sie schildern den Anfang einer Fantasiereise, lassen beim Zwischenteil die Kinder ihren eigenen Fantasien nachgehen und übernehmen wieder den Schlussteil, sodass die Kinder eine Hilfe haben, aus ihrer Fantasiewelt zurückzureisen. Ihre Worte zur Beschreibung des Anfangs und Schlusses der Fantasiereise sollten immer die gleichen sein. Das erleichtert den Kindern den Ein- und Ausstieg.

So könnten Sie die Fantasiereise einleiten: „Denk dir ein Fahrzeug aus, mit dem du reisen möchtest. Dann überleg dir ein Land, in das du reisen möchtest. Jetzt schließ die Augen und die Reise beginnt. Du steigst in dein Fahrzeug, drückst den Startknopf und los geht's. Schnell wie der Wind kommst du voran und landest bald darauf am Ziel. Du steigst aus und schaust dir alles ganz genau und in Ruhe an. Denk dir aus, was du siehst, riechst und hörst." – Pause –

So könnte der Schluss der Fantasiereise formuliert werden: „Jetzt begleite ich dich wieder auf dem Rückweg. Steig in dein Fahrzeug ein, drück den Startknopf – und schnell wie der Wind kommst du wieder zurück hierher in den Raum, auf deinen Platz. Ich zähle bis drei, dann bist du wieder da. Eins, zwei, drei! Öffne die Augen, streck dich und sei wieder ganz da."

Zu diesen Orten könnten die Fantasiereisen führen: Schlaraf-
fenland, Dschungel, Winterland, Zwergenland, Märchenschloss,
Regenbogenland, Ritterburg.

Die Welt der Wörter

Mit Worten nehmen wir zu anderen Menschen eine Beziehung
auf. Mit Wörtern können wir etwas erklären und beschreiben,
was gar nicht da ist. Worte lösen innere Bilder aus und mit
Worten können wird diese Gedankenbilder ausschmücken. Durch
Worte werden Erlebnisse noch einmal erlebt, Worte lassen Gefühle aufsteigen. Worte können Mut oder Angst machen, verletzen
oder besänftigen, trösten oder wütend machen, Wahrheiten
oder Lügen verbreiten. Mit Wörtern kann man spielen, lachen,
Quatsch machen.

Sprachgefühl

Diese Wirkungen der Worte spüren, erleben, sich dessen bewusst
werden und selber wirkungsvoll einsetzen, wer das kann, der
hat ein Sprachgefühl erworben. Für eine Spracherziehung reicht
es nicht aus, den Kindern nur das flüssige, deutliche Sprechen
beizubringen, auch ein großer Wortschatz nützt nichts, wenn
das Sprachgefühl ausbleibt. Wichtig ist, dass diese Erkenntnisse
hinzukommen:
- Worte haben eine Wirkung auf den anderen.
- Es kommt darauf an, dass man mit Bedacht die Worte wählt,
  wenn man etwas sagen möchte.
- Bei einer Sache gibt es oft verschiedene Möglichkeiten, sich
  auszudrücken.
- Mit der Wortwahl bringt man nicht nur seine eigenen Gefühle
  zur Sprache, sondern löst auch beim Zuhörer Gefühle aus.

Zauberwörter

Den Kindern kann man diese Wirkung der Wörter mit dem Begriff „Zauberwörter" nahe bringen. Denn es ist wie eine Gefühlszauberei, die man mit seinen Wörtern anstellt. Wörter können schmeicheln, gut tun, verletzen, traurig machen, versöhnen, beruhigen und noch viel mehr. Oft sind es einzelne Wörter oder kurze Sätze, die eine emotionale Wirkung beim anderen auslösen.

Das verstehen die Kinder, wenn Sie mit ihnen darüber reden und auf diese Zauberwirkung aufmerksam machen. Nachfolgend einige Beispiele für Wörter und Sätze mit „Zauberwirkung", als Diskussionsmaterial für ein Gespräch mit den Kindern.

Worte, die gut tun

Komm, spiel mit mir!
Gut gemacht!
Sind wir Freunde?
Dankeschön!
Du bist toll!

Worte, die weh tun

Hau ab!
Du bist blöd!
Doofer Kerl!
Heulbaby!
Lass mich in Ruhe!

Worte, die versöhnen

Sei mir nicht böse!
Entschuldigung!
Das habe ich nicht gewollt!
Das tut mir Leid!
Ich will es wieder gutmachen!

Worte, die ärgern

Mach schneller!
Schlafmütze!
Falsch!
Das kannst du nicht!
Lass das!

Etwas Schönes sagen

Anfangs werden die Kinder vielleicht unsicher sein und mit roten Ohren oder kichernd an diesem Spiel teilnehmen, bei dem Gefühle beim Namen genannt und Befindlichkeiten in Worten formuliert werden. Doch diese Aufregung legt sich schnell, und die Kinder werden dieses ungewohnte „Etwas-Schönes-sagen-Spiel" genießen.
- *Mitspieler:* Kleine oder große Gruppe, Kinder ab 5 Jahren.
- *Material:* Ein schöner Gegenstand, z. B. eine Marmorkugel, ein Edelstein, ein mit Goldfarbe bemalter Kieselstein, ein mit Perlen und Bändern geschmückter Holzstab, eine Blume, ein Blütenzweig.
- *Spielvorbereitung:* Die Kinder sitzen im Kreis.
- *Spieldurchführung:* Reihum sagt jeder seinem Nebensitzer etwas Schönes und überreicht ihm den schönen Gegenstand. Was gibt es da zu sagen? Z. B. ein Kompliment, was einem am anderen gefällt, dass man mit ihm gern spielen möchte, dass er schön singen kann, dass er toll klettern kann, dass er geholfen hat ...

Ärger und Kritik

Wenn einem etwas nicht gefällt, kann man das auch sagen. Das ist die eine Sache, die andere ist, dass nicht jeder Kritik verträgt. Beides sollten die Kinder wissen und erfahren, um eine Sensibilität für das Kritisieren zu erwerben. Hier können Sie Vorbild sein und den Kindern zeigen, wie man die Sache, aber nicht die Person kritisiert und dennoch seinen Ärger zur Sprache bringt, z. B. so: „Du hast mit dem Filzstift das Bilderbuch übermalt. Jetzt kann ich das Bild nicht mehr richtig sehen. Das ärgert mich sehr!" Jetzt ist dem Kind klar, was es falsch gemacht hat und warum Sie sich ärgern.

Der Reiz der Schimpfworte

Schimpfwörter zu gebrauchen, ist unter Kindern manchmal ein beliebtes Spiel. Wer diese Sprache beherrscht, ist anerkannt. Auch wenn Sie keine Schimpfwörter mögen, haben Sie sicher längst gemerkt, dass Sie mit Verboten nicht weiter kommen. Verbotenes zu tun hat seinen eigenen Reiz und das Schimpfen wird für die Kinder jetzt erst richtig spannend. Schimpf-Spiele können bei diesem Problem hilfreich sein.

 ### Schimpflärm

Auch mal kräftig schimpfen hat seinen Reiz. Viele Kinder dürfen nie „aus der Haut fahren" oder ihrem Ärger freien Lauf lassen. Bei diesem Spiel aber ist Schimpfen erlaubt, sogar die Spielregel.
- *Mitspieler:* Kleine Gruppe, Kinder ab 5 Jahren
- *Spielvorbereitung:* Die Kinder versammeln sich an einem Ort, wo sie die anderen nicht stören.
- *Spieldurchführung:* Auf Kommando legen alle los mit Schimpfwörtern, die sie kennen oder spontan empfinden. Schimpfen ist ansteckend. Wer sich anfangs nicht getraut, kommt bald

in Fahrt. Alle Kinder reden durcheinander und nebeneinander her. Es gibt nur eine Spielregel: Man muss ständig schimpfen, darf nicht mit Reden aufhören, und das eine ganze Minuten, lang. Eine lange Minute schimpfen ist anstrengend. Wundern Sie sich nicht, wenn die Kinder danach erschöpft auf dem Boden sitzen und sich von diesem Spiel erholen müssen.

Schimpf-Schachtel

- *Mitspieler:* Kleine oder große Gruppe, Kinder ab 3 Jahren.
- *Material:* Schachtel mit Deckel, bemalt oder beklebt.
- *Spieldurchführung:* Wenn einem Kind die Schimpfworte auf der Zunge liegen, wenn es sie loswerden will, dann öffnet es die Schachtel und brüllt und schreit und redet alles in die Schachtel hinein, was es an Schimpfworten zur Verfügung hat. Ist es endlich fertig und wieder entspannt, wird die Schachtel zugeklappt. Die Worte bleiben drin. Nach einigen Tagen ist die Schachtel voll und muss ausgeleert werden, das erledigen ein paar Kinder miteinander. Die Schachtel wird nach draußen getragen, der Deckel geöffnet und der Inhalt heftig ausgeschüttelt. Der Wind nimmt die Worte mit, lässt sie verschwinden, löst sie auf. Da kann es passieren, dass ein Kind ein paar schöne Worte hinterherruft, damit die geballte Wörterladung versöhnlicher wird.

Wörter für Gefühle

Über seine Gefühle reden ist eine komplizierte Angelegenheit. Man kann Gefühle nicht sehen und anfassen, doch sie sind da und manchmal heftig zu spüren. Das Bauchkribbeln vor Freude, das Magendrücken vor Ärger, das Kniezittern vor Aufregung, die Angst im Nacken, die Sorgenlast auf den Schultern. Ja, die Gefühle stecken im Körper und können überall gespürt werden. Kinder spüren diese Gefühle genauso wie die Erwachsenen, haben aber noch mehr Schwierigkeiten, sie in Worte zu fassen, denn das Vokabular der Gefühlsbeschreibungen mit seinen Umschreibungen und Anspielungen ist für Kinder nicht in dem Maße verfügbar und nachvollziehbar wie für einen erwachsenen Menschen. Deshalb ist es wichtig, mit Kindern über Gefühle zu reden und den Gefühlsregungen Wörter zu geben.

Mach so ein Gesicht

Ein lustiges Spiel mit ernstem Hintergrund. Die Kinder probieren verschiedene Gesichtsausdrücke aus, die sie unterschiedlichen Stimmungen zuordnen. Sie können sich dabei gegenseitig anschauen oder im Spiegel ihr eigenes Gesicht betrachten. Im 1. Teil des Spiels geht es um die Wörter-Sammlung, im 2. Teil um den treffendsten Ausdruck eines Gefühls.
- *Mitspieler:* Kleine Gruppe, Kinder ab 5 Jahren.
- *Spielvorbereitung:* Die Kinder sitzen so, dass jeder jeden sehen kann.
- *Spieldurchführung:*

1. Teil, Wörter sammeln: Sie sind Spielleiter und nennen verschiedene Stimmungen, Gefühle und Launen. Sie besprechen mit den Kindern jeden einzelnen Begriff, reden darüber, bringen

Beispiele oder erfinden zum jeweiligen Gefühl eine passende kleine Geschichte. Auch die Kinder tauschen ihre Erfahrungen und Erlebnisse dazu aus. Und zum Schluss versuchen alle Kinder ein Gesicht zu machen, das zu dem gerade besprochenen Gefühlsausdruck passt.
2. Teil, Ratespiel: Ein Kind setzt einen Gesichtsausdruck auf und die anderen raten, um was es dabei geht. Je mehr Wörter die Mitspieler für diesen Gesichtsausdruck finden, desto besser. Zum Schluss entscheidet sich der Spieler für das am besten passende Wort zu seiner Mimik und wählt den nächsten Spieler aus, der sich eine neues Gefühlswort ausdenkt, das er den anderen mimisch zeigen möchte.

 ## Was tust du, wenn du glücklich bist?

Ein Gesprächsspiel, bei dem die Kinder ihre Erfahrungen und Gedanken austauschen und dabei viele Wörter zur Beschreibung ihrer Gefühlswelt lernen, hören und einsetzen werden. Der Lerneffekt ist, sich ein Gefühl nur vorzustellen, sich an eine erlebte Situation und eigene Reaktion zu erinnern und den anderen mitzuteilen.

- *Mitspieler:* Kleine Gruppe, Kinder ab 5 Jahren.
- *Spielvorbereitung:* Die Kinder machen es sich in einer Ecke mit Decken und Kissen gemütlich.
- *Spieldurchführung:* Sie sind Spielleiter und stellen Fragen, die immer mit der gleichen Formulierung beginnen, etwa: „Was machst du, wenn ...?"
  Die Kinder überlegen sich Antworten. Wer will, darf reden. Das Ziel ist, dass die Kinder viele alternativen Verhaltensweisen voneinander hören und erfahren.
  Das könnten die ersten Fragen sein: Was machst du, wenn du
  – glücklich bist?
  – traurig bist?
  – Angst hast?

– dich freust?
– aufgeregt bist?
– wütend bist?
Später können die Fragen etwas spezieller formuliert werden, z. B. so:
Was machst du, wenn du ...
– begeistert bist?
– bekümmert bist?
– Misstrauen spürst?
– Eifersucht spürst?
– dich ängstigst?
– vergnügt bist?
– beunruhigt bist?
Sie können auch mit zusätzlichen Fragen die Kinder zu differenzierteren Aussagen animieren, z. B.
– Wo spürst du dieses Gefühl?
– Was denkst du dann alles?
– Hast du dabei deine Hände beobachtet?
– Spiele uns vor, wie du dann dastehst.
– Was ist passiert, als du dich so gefühlt hast?
– Was hast du dann gemacht?

 Lachen ist nicht nur lachen

Gefühlsäußerungen können leicht oder heftig sein. Bei dem nachfolgenden Spiel geht es um diesen feinen Unterschied. Es schult den Blick und ist ein Sprachtraining für gezielte Wortwahl. Wieder ist das Spiel eher ein Gespräch. Zur Veranschaulichung der Begriffe können Sie die Wortbedeutungen auch pantomimisch vorspielen und die Kinder spielen sie nach. Oder Sie und die Kinder suchen auf Bildern in Zeitschriften oder Bilderbüchern nach Personendarstellungen, bei denen der entsprechende Gefühlsausdruck zu erkennen ist.

Sprachverständnis und Sprachspaß

- **Mitspieler:** Kleine Gruppe, Kinder ab 5 Jahren.
- **Material:** Bilderbücher oder Zeitschriften.
- **Spielvorbereitung:** Die Kinder sitzen rund um den Tisch, jeder hat ausreichend Platz.
- **Spielverlauf:** Sie erklären, dass lachen oder weinen oder wütend sein verschieden stark zum Ausdruck gebracht werden kann und dass auch in der Sprache entsprechend unterschiedliche Wörter zur Verfügung stehen, etwa:

Lachen ist nicht nur lachen, man kann auch:
- schmunzeln,
- kichern,
- lächeln,
- prusten,
- grölen,
- auslachen,
- anlachen,

Weinen ist nicht nur weinen, man kann auch:
- seufzen,
- schluchzen,
- plärren,
- leise weinen,
- laut weinen,
- wimmern,

Wut haben bedeutet nicht nur wütend sein, man kann auch:
- böse sein,
- verärgert sein,
- zornig sein,
- in Rage sein,
- toben,
- brüllen.

175

Störungen der Wortbeherrschung und Grammatik

Im Verlauf der kindlichen Sprachentwicklung gibt es immer wieder Besonderheiten, die teils als geringe, teils als auffällige Störung in Erscheinung treten (siehe Kapitel 1). Nicht alle Kinder machen beispielsweise eine Phase des Stotterns, des Polterns oder des Lispelns durch, doch wenn diese Phänomene auftauchen, sollten sie zunächst unter dem Aspekt der sich entwickelnden Sprachbeherrschung betrachtet werden. Spiele, Lieder und alle Arten des aktiven Umgangs mit Sprache helfen, die Entwicklung zu unterstützen und die „Störungsphase" zu überwinden. Sollten sich gravierende Sprachauffälligkeiten aber bis ins Grundschulalter hinziehen, ist eine sprachtherapeutische Unterstützung notwendig.

Ebenso wie die Auffälligkeiten bei der Artikulation gibt es auch typische Störungsbilder bei der Wortbeherrschung und der Grammatik. So fällt etwa einem Kind mitten im Reden das passende Wort nicht ein und es verändert schnell seinen Satz, um andere Wörter zu gebrauchen, z. B.: „Ich möchte die ... Ich brauche was zum Schneiden." Manche Kinder haben Schwierigkeiten, Gegenstände korrekt zu benennen, sie reden zögernd und scheinen über einen sehr beschränkten Wortschatz zu verfügen. Anderen hingegen liegt das richtige Wort buchstäblich auf der Zunge, doch sie bringen es nicht heraus und weichen auf Ersatzbegriffe oder übergeordnete Bezeichnungen aus („Birne" statt „Apfel" oder „Tier" statt „Hund").

Auch die Grammatik einer Sprache – also der korrekte Aufbau von Sätzen, die richtigen Wortendungen in den verschiedenen Zeiten, die passenden Artikel und Pluralformen usw. – ist sehr komplex. Mit Bravour meistern Kinder die Aneignung dieser extrem schwierige Materie, wobei auch hier Schwierigkeiten überwunden werden müssen. Dysgrammatismus heißt das Phänomen, wenn ein Kind Präpositionen weglässt, die Verbformen, Artikel oder den Plural falsch bildet oder ähnliche Auffälligkeiten vorkommen. Der Dysgrammatismus stellt aber ebenso eine normale Phase der Sprachentwicklung dar, die mehr oder weniger ausgeprägt auftreten kann. Im Alter von vier Jahren kann ein Kind in der Regel einfache Sätze fehlerfrei bilden und im Verlauf der frühen Grundschulzeit perfektioniert es die Beherrschung der muttersprachlichen Grammatik.

Auch in diesem Bereich gilt: Spiele, bei denen viel gesprochen werden muss, sind ein Angebot, das alle Formen der Kommunikation erschließt und den Kindern Gelegenheit gibt, ihre Sprachkunst zu üben. Sie fördern die sprachlichen Leistungen und helfen, Defizite auszugleichen.

Das Lexikon im Kopf

Der Wortschatz ist die wichtigste Basis für die Kommunikation. Beim Erwerb neuer Wörter ist es nicht nur wichtig, dass die Kinder visuelle Informationen aufnehmen und mit allen Sinnen lernen (siehe Kapitel 3), sondern auch etwas über den Gebrauch, Sinn und Zweck eines Gegenstandes oder Begriffs erfahren und sich auf diese Weise eine Vorstellung von dem neuen Wort bzw. dem damit gemeinten Inhalt machen können. Die Sprachleistung dabei ist, dass man die Bedeutung eines Begriffes versteht und auf andere, passende Dinge übertragen kann oder dass man erkennt, zu welchem Zwecke der genannte Gegenstand gebraucht werden kann und welche Handlung damit unsinnig wäre. Wenn ein Kind das erkennt, ohne es selbst ausprobieren zu müssen, dann hat es die Übertragungsleistung geschafft und das Wort verstanden.

Kaufladen

- *Mitspieler:* Kleine Gruppe, Kinder ab 5 Jahren.
- *Material:* Alle Dinge aus dem Kaufladen.
- *Spielvorbereitung:* Der Kaufladen wird aufgefüllt und eingerichtet, nicht nur mit den Spielsachen, sondern auch mit echten Sachen wie z. B. Kamm, Spiegel, Blumenvase, Spielzeugauto, Sprudelflasche usw. Die Kinder sammeln zusammen, was sie für das Kaufladenspiel geeignet finden. Dann stellen sich alle Spieler um den Kaufladen und der Reihe nach und abwechselnd kaufen und verkaufen sie die Waren.
- *Spieldurchführung:* Ein Kind stellt sich hinter den Ladentisch, ein anderes kauft mindestens 5 Sachen ein. Dabei nennt es alle Dinge beim Namen und beschreibt, wozu es die Sachen braucht. Es braucht z. B. die Äpfel für den Nachtisch, die Schokolade zum Naschen, den Kamm zum Haare kämmen und die Sprudelflasche, weil es immer so Durst hat. Ist der Laden leer, ist das Spiel zu Ende.

 Sinn oder Unsinn?

- *Mitspieler:* Kleine Gruppe, Kinder ab 4 Jahren.
- *Material:* Bilderbuch oder Lottokarten mit Abbildungen von Alltagsgegenständen.
- *Spielvorbereitung:* Die Kinder sitzen zusammen, ein Bilderbuch liegt vor ihnen, jeder kann die Bilder sehen.
- *Spieldurchführung:* Sie sind Spielleiter, zeigen z. B. auf ein Bild und sagen, was man damit machen kann. Die Kinder überlegen, ob das nun stimmt oder unsinnig ist, was Sie behaupten. Damit das Spiel lustig und unterhaltend wird, versuchen Sie oft, einen völligen Quatsch zu behaupten. Wer es besser weiß, erklärt es den anderen. Als Spielleiter steuern Sie ein wenig das Gespräch, sodass alle Kinder an die Reihe kommen.

Wörter suchen

Bei diesem Spiel kommt es nicht darauf an, die Buchstaben zu schreiben, sondern den Klang der Buchstaben zu erfassen und im Gedächtnis nach Wörtern zu suchen, die diesen Anfangslaut haben.
- *Mitspieler:* Kleine Gruppe, Kinder ab 5 Jahren.
- *Spieldurchführung:* Sie nennen ein Thema und einen Buchstaben, die Kinder hören zu und versuchen, nach ihrem Wissen und Verständnis viele passende Wörter zusammenzutragen. Beispiele:
– Tiere im Zoo mit A.
– Etwas Essbares mit E.
– Einen Namen mit P.
– Ein Musikinstrument mit G.

Besser ist es, wenn Sie ein paar Fragerunden beim gleichen Thema bleiben, also z. B. Zootiere mit G, Zootiere mit H, Zootiere mit Z.

Viele Worte für ein Ding

Bei diesem Spiel ist Fantasie gefragt und ein kreatives Sprachverständnis.
- *Mitspieler:* Kleine oder große Gruppe, Kinder ab 5 Jahren.
- *Material:* Für das Schattenspiel braucht man Wäscheseil, Leinwand, Wäscheklammern, Schreibtischlampe, Tisch und einen Raum mit Dämmerlicht.
- *Spielvorbereitung:* Das Schattenspiel wird aufgebaut: Das Wäscheseil gespannt, daran die Leinwand festgeklammert, dahinter der Tisch aufgestellt und die Lampe eingestellt.
Auf den Tisch kommen später die Sachen, die es zu raten gilt. Sie suchen vor dem Spiel heimlich verschiedene Sachen zusammen, die sich für das Ratespiel eignen.

- *Spieldurchführung:* Sie legen hinter der Leinwand einen Gegenstand auf den Tisch und schalten erst dann die Lichtquelle des Schattenspiels ein. Die Kinder schauen, raten und beraten miteinander, was das Schattenbild sein kann. Erst nach einiger Zeit holen Sie den Gegenstand hinter der Leinwand hervor und die Kinder sehen, was es ist. Der Reiz des Spiels ist allerdings, sich auszudenken, was es alles sein kann. Beispiele: Ein Salatsieb, das als Kunstwerk erscheint, oder ein aufgestelltes Buch, das wie ein Dach aussieht.

 Mit Worten begleiten

Dieses Spiel fordert Vorstellungskraft und reichlich Erfahrung im Umgang mit Alltagsgegenständen.
- *Mitspieler:* Kleine oder große Gruppe, Kinder ab 5 Jahren.
- *Spielvorbereitung:* Die Kinder sitzen in der Runde, sodass jeder jeden sehen kann.
- *Spieldurchführung:* Ein Kind spielt pantomimisch etwas vor, die anderen schauen zu und raten und beschreiben, was der andere macht und welche - nicht vorhandenen - Dinge er

dabei benützt. Reihum darf jeder etwas vorspielen. Wem nichts einfällt, dem können Sie eine Spielidee ins Ohr flüstern, z. B.:
- Ein Instrument spielen (Flöte, Triangel, Trommel).
- Ein Spiel spielen (würfeln, Karten mischen, Bauklötze auftürmen).
- Etwas basteln (kleben, kneten, ausschneiden).

Fantasie und Bilder

Gedanken bestehen oft aus Bildern, die aber in Worte gefasst werden müssen, um sie jemand anderem mitzuteilen. Der Kommunikationspartner wiederum muss sich auch ein gedankliches Bild davon machen. Imaginäre Vorstellungen sind also über Sprache vermittelbar. Eine scheinbar schwierige Angelegenheit, durch Spiele jedoch sehr einfach zu verstehen und nachzuvollziehen.

Fantasie-Bilder

- *Mitspieler:* Kleine Gruppe, Kinder ab 5 Jahren.
- *Material:* Duftöl, z. B. eine Mischung mit der Bezeichnung Heublumen, Wiesenblumen, Frühlingsduft oder Weihnachtsduft, viele Wattebällchen, ruhige Instrumentalmusik, Decken.
- *Spielvorbereitung:* Die Kinder verteilen sich im Raum und legen sich auf ihre Decke. Jedes Kind erhält einen Wattebausch mit einem Tropfen Duftöl. Daran kann das Kind schnuppern.
- *Spieldurchführung:* Die Kinder schließen die Augen und lassen sich von dem Duft in eine Fantasiewelt entführen. Unterstützen Sie die Fantasiereise der Kinder mit Fragen wie z. B.: Was riechst du jetzt? An was erinnert dich dieser Geruch? Was siehst du in Gedanken? Ist es ein Bild, eine Landschaft? Willst du loswandern oder dich hinsetzen? Was siehst du in

der Nähe, was in der Ferne? Kannst du den Himmel sehen?
Wie sieht er aus? Spürst du den Boden unter deinen Füßen?
Ist es schön warm oder kühl? Was hörst du? Kannst du Tiere
sehen? Was kannst du noch sehen?
Lassen Sie im Hintergrund leise Musik laufen. Machen Sie
nach ihren animierenden Fragen eine Pause von vielleicht
3 bis 5 Minuten. Dann leiten Sie den Abschluss der Fantasiereise mit folgenden Worten ein: „Und nun komm wieder zurück in diesen Raum, wo du auf dem Boden liegst. Strecke
dich, bewege Arme und Beine. Öffne deine Augen. Und jetzt
bist du wieder da!"
Nach einer kurzen Pause setzen sich die Kinder in den Kreis
und wer will, erzählt den anderen von seinem Fantasieland.
Machen Sie am Schluss des Gespräches die Kinder darauf aufmerksam, dass die Fantasiebilder im Kopf entstanden sind.
Doch jeder kann mit Worten diese Bilder beschreiben, als
hätte er alles wirklich erlebt und gesehen.

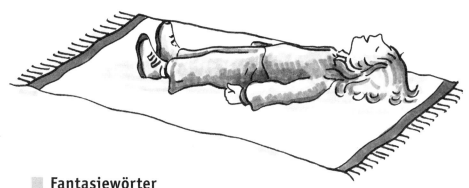

Fantasiewörter

Bisher ging es darum, den Kindern viele Wörter zu vermitteln,
verknüpft mit Bildern, mit Erlebnissen, erlebt mit allen Sinnen.
Doch es gibt auch Wörter, die nichts bezeichnen und aus purer
Experimentierlust mit Sprache entstehen. Mit der Geschichte
von Pippi Langstrumpf können Sie den Kindern Lust auf solche

Fantasiewörter machen. Pippi Langstrumpf erfand nämlich ein wunderschönes Wort: „Spunk". Und sie suchte lange nach einem Etwas, das so heißen könnte. Erzählen Sie den Kindern diese Geschichte und schon beginnt das Fantasiewörterspiel. Notieren Sie die kreativen Wortschöpfungen der Kinder und nehmen Sie später wieder Bezug darauf, etwa indem Sie die Kinder fragen, ob sie einen Gegenstand für ihr Fantasiewort gefunden haben oder vielleicht etwas malen wollen, das so heißen könnte.

 ## Sprachfantasie

Bei diesem Spiel wird nur mit Worten gespielt.
- *Mitspieler:* Kleine Gruppe, Kinder ab 5 Jahren.
- *Spielvorbereitung:* Wer mitmachen will, setzt sich in den Kreis. Jeder soll genügend Platz haben, kein Anrempeln oder Schubsen soll die Konzentration der Kinder stören.
- *Spieldurchführung:* Sie sagen ein Wort und fragen die Kinder nach einem anderen Wort, das sich darauf reimt. Vielleicht sind sprachbegabte Kinder in der Gruppe, die ohne viel nachzudenken Reimworte finden. Wenn nicht, sagen Sie das Reimwort dazu. Als Nächstes sind alle Kinder aufgefordert, mit den beiden Wörtern einen gereimten Vers, also einen Zweizeiler, zu erfinden.

  Reimwörter könnten sein:

Fisch	Tisch
Maus	Haus
Mücke	Lücke
Kuh	Schuh
Wurm	Turm
Zecke	Decke
Schlange	Zange
Pferd	Herd
Hund	Mund
Hahn	Kahn
Ratte	Matte
Floh	Stroh

183

Redewendungen

Die Sprache der Erwachsenen ist für Kinder manchmal recht seltsam, vor allem die so genannten Redewendungen, die etwas nicht direkt benennen, sondern wie ein Gleichnis funktionieren. Für Kinder sind diese Redewendungen ein reizvolles Spiel, bei dem sie der Sache einmal auf den Grund gehen können.

- *Mitspieler:* Kleine Gruppe, Kinder ab 5 Jahren.
- *Spielvorbereitung:* Die Kinder rücken zusammen.
- *Spieldurchführung:* Wer eine Redewendung kennt, sagt sie den anderen und alle versuchen zu erklären, was das wörtlich heißt und was damit eigentlich gemeint ist. Beginnen Sie das Spiel mit Beispielen. Sobald einem Kind auch ein Beispiel einfällt, lassen Sie es zu Wort kommen.

Beispiele:
- Es zieht!
- Unter einer Decke stecken.
- Das kann man nicht unter einen Hut bringen.
- Sich schwarz ärgern.
- Der hat sich in Luft aufgelöst.
- Mir platzt der Kragen.
- Den Kopf verlieren.

Störungen des inneren Lexikons

Kinder mit dieser Störung beginnen einen Satz, merken mitten im Reden, dass ihnen das passende Wort nicht einfällt und verändern schnell ihren Satz, um andere Wörter zu gebrauchen. Das Kind sagt dann z. B. „Ich möchte die ..." – kleine Pause und Korrektur: „Ich brauche was zum Schneiden."

Kinder mit lexikalischen Störungen lernen oft spät ihre ersten Wörter und ihr Wortschatz nimmt nur langsam zu. Diese Kinder haben nicht nur Probleme, das richtige Wort zu finden, sondern auch das, was andere sagen und meinen, zu verstehen.

Hier zwei typische Verhaltensweisen, die auf diese Sprachentwicklungsstörung hinweisen:

1. Beim Anschauen von Bilderbüchern haben die Kinder Schwierigkeiten, das, was sie sehen, korrekt zu benennen.

2. Beim Erzählen reden die Kinder zögernd und langsam, benutzen oft formelhafte Aussagen, so genannte Passe-par-tout-Wörter, z. B. „Gib mir das mal" oder: „Ich will so was machen".

Wortabrufstörungen

Das ist eine zweite Form der lexikalischen Sprachentwicklungsstörung. Die Kinder haben zwar genügend Wörter zur Verfügung, können diese aber bei Bedarf nicht abrufen. Die Kinder wissen, dass es das Wort gibt und sie es auch schon benutzt haben, bringen es aber nicht heraus. Das Wort „liegt auf der Zunge", der Wortabruf funktioniert nicht. Oft helfen sich diese Kinder mit Ersatzwörtern über die Sprachhürde, z. B. nehmen sie Oberbegriffe und sagen anstatt „Pferd" oder „Hund" einfach „Tiere". Oder sie setzen nebengeordnete Wörter ein und sagen „Birne" anstatt „Apfel".

Die Kinder helfen sich auch mit Pausenfüller, um die Zeit des Wörtersuchens im Gedächtnislexikon zu überbrücken. Sie bauen in einen Satz viele „hmmm" oder „äh" ein oder sie kommentieren ihren unterbrochenen Sprachfluss und sagen z. B. „Äh ... wie heißt das noch?" Oder: „Ich krieg's nicht raus!" Meistens setzen diese Kinder die Gestik ein, um das, was sie sagen wollen, genauer mitzuteilen.

Es macht keinen Sinn, diesen Kindern das Wort, das sie nicht herausbringen, vorzusagen. Besser ist es, das Zielwort „herauszukitzeln" und die Wörtersuche auf diese Weise zu unterstützen: „Ja, das ist ein A ...!" (Apfel)

Das Erzählen

Die Grundfunktion der menschlichen Sprache ist, Erlebnisse, Beobachtungen, Vorhaben, Wünsche, Gefühle und Befindlichkeiten mitzuteilen. „Wie geht es dir?" oder „Was gibt es Neues?" sind Fragen, die den anderen auffordern, von sich etwas zu erzählen. Dabei ist es ein Unterschied, ob wir jemandem eine sachliche Mitteilung machen oder eine Geschichte erzählen. Mitteilungen dienen der Informationsübermittlung und sind desto besser, je präziser sie formuliert sind. Erzählungen oder Geschichten sind umfangreichere Ausführungen, werden gerne ausgeschmückt; spannend soll die Geschichte sein, man will den Zuhörer neugierig machen, damit er interessiert zuhört.

Welche Worte jemand gebraucht, um etwas zu erzählen, welche Bilder- oder Symbolsprache er benützt, um etwas auszuschmücken, welche Handlungen er hervorhebt, um sie zu bewerten, kurzum welchen Erzählstil jemand hat, das wird von seiner soziokulturellen und individuellen Spracherfahrung geprägt. Die Sprache, genauer gesagt die Wortwahl und die Assoziationen, die dabei ausgelöst werden, vermitteln eine bestimmte Sicht und Wertung von Dingen, Personen und Handlungen. Das Kind hört und lernt in der Familie diesen Sprachstil, spürt die Bewertung und setzt die entsprechenden Worte, Bilder und Assoziationen bei seinen Geschichten ein.

Erzählkunst

Wie reich eine Sprache an Worten ist, das merken die Kinder bei Erzählungen. Sei es die Erzählung eines anderen, bei der sie hören, mit welchen Worten ein Ereignis beschrieben wird, sei es die eigene Erzählung, bei der sie nach passenden Worten suchen, um die Zuhörer in Bann zu halten. Wer gut erzählen und fantasievoll seine Erlebnisse ausschmücken kann, wer amüsant und unterhaltend berichten kann, der ist bei Kindern beliebt. Sie scharen sich um diesen Erzählkünstler, wollen ihm zuzuhören. Bei den nachfolgenden Spielen geht es allerdings nicht darum, wer der beste Erzähler ist, sondern um erste Übungen und Spiele, das Erzählen zu erleben, die Erzählsprache zu entdecken und viele Wörter zu lernen, die man für eine gute Erzählung braucht.

Erzählrunde

- *Mitspieler:* Kleine oder große Gruppe, Kinder ab 5 Jahren.
- *Spielvorbereitung:* Die Kinder machen es sich mit Decken und Kissen bequem.
- *Spieldurchführung:* Sie sind Moderatorin und fordern die Kinder zum Erzählen auf. Dabei wählen Sie ein Thema aus, und wer dazu etwas erzählen möchte, sagt es Ihnen. Sie legen die Reihenfolge der Erzähler fest, stellen auch Fragen zum Verständnis der Geschichte und helfen, einen Schluss zu finden, wenn die Erzählung zu langatmig wird. Mögliche Themen:
- Was ich am Sonntag gespielt habe.
- Mein kleiner/großer Bruder ärgert mich.
- Ich war bei meiner Oma.
- Da hatte ich Angst.
- Die Nachbarn
  zu Hause.

Der rote Faden

„Jetzt habe ich den Faden verloren" sagen wir, wenn wir während des Erzählens nicht mehr wissen, was wir eigentlich sagen wollten. „Der rote Faden führt durch die Geschichte!", behaupten wir, wenn eine Erzählung viele Nebenaspekte beschreibt, aber immer wieder zum Hauptthema zurückkommt und das Geschehen fortführt. Nehmen wir diesen roten Faden auf und spinnen selber eine Geschichte.

- **Mitspieler:** Kleine Gruppe, Kinder ab 5 Jahren.
- **Material:** Rotes Wollknäuel.
- **Spielvorbereitung:** Alle Mitspieler sitzen im Kreis.
- **Spieldurchführung:** Sie sind Moderatorin und beginnen das Spiel. Sie nehmen das Wollknäuel in die Hand, wickeln es zweimal locker um die Hand und beginnen eine einfache, witzige Geschichte mit ein oder zwei Sätzen. Dann werfen Sie das Wollknäuel einem Mitspieler zu, der nimmt es auf, wickelt den roten Faden locker um seine Hand und ergänzt ein paar Sätze. So geht es immer weiter, bis Sie das Gefühl haben, dass der Schluss der Geschichte naht. Dann schnappen Sie den roten Faden und erzählen den Schluss. Und dann wird der rote Faden wieder aufgewickelt, und zwar mit diesem etwas anspruchsvollen Spiel: Das Wollknäuel wird dem Spieler, der als Letztes den roten Faden um seine Hand gewickelt hat, wieder zurückgeworfen. Er wiederholt, was er zur Geschichte beigetragen hat und wirft das Knäuel ebenfalls zurück. Zum Schluss haben Sie das aufgewickelte Wollknäuel wieder in der Hand und berichten, wie Sie die Geschichte begonnen haben.

 Im Bild spazieren gehen

Ein Bild, genauer gesagt eine Stelle auf einem Bild, ist der Ausgangspunkt. Die Kinder versetzen sich in Gedanken in dieses Bild und gehen oder fahren von dort aus los. Geeignet sind Bilder mit einem Weg, einer Straße oder einem Fluss.
- *Mitspieler:* Kleine Gruppe, Kinder ab 5 Jahren.
- *Material:* Ein Bild, z. B. eine Postkarte, ein Kalenderblatt oder ein Bild aus einem Bilderbuch ohne Text.
- *Spielvorbereitung:* Das Bild liegt in der Mitte, alle Kinder können es betrachten.
- *Spieldurchführung:* Ein Kind nimmt das Bild an sich, Sie zeigen ihm eine Stelle auf dem Bild. Dort beginnt der Fantasiespaziergang und das Kind erzählt den anderen, was es sieht, hört, erlebt oder macht. Als Spielleiter können Sie mit Fragen dem Kind beim Weitererzählen helfen, z. B. so: „Schau mal, hinter dem Baum, da ist etwas, das kannst nur du sehen. Denk dir aus, was es sein kann und erzähl es uns." Zum Schluss führen Sie den Gedankenspaziergang an den Anfangspunkt zurück und das Kind kann wieder aus dem Bild „herausspringen".

Und was passiert dann?

Eine Bildvorlage ist der Ausgangspunkt einer Geschichte. Das kann ein schönes Bild in einem Bilderbuch sein, ein Kalenderblatt, etwas selbst Gemaltes oder eine Collage aus Zeitschriftenbildern. Hauptsache, es ist einiges darauf zu sehen, was zum Fabulieren animiert.
- *Mitspieler:* Kleine Gruppe, Kinder ab 5 Jahren.
- *Material:* Detailreiches Bild.
- *Spielvorbereitung:* Das Bild liegt auf dem Tisch, die Kinder sitzen so, dass alle das Bild sehen können.
- *Spieldurchführung:* Am besten ist es, wenn Sie als Moderatorin den Anfang der Geschichte erfinden. Beschreiben Sie z. B., was Sie auf dem Bild sehen, die Personen oder Tiere oder eine Landschaft. Erfinden Sie eine Handlung und stellen Sie dann die Frage: „Und was passiert dann?" Dabei tippen Sie ein Kind an, das darf nun weitererzählen. Es wird die Geschichte weiterspinnen und mit der Frage: „Und was passiert dann?" und einem Antippen den nächsten Erzähler bestimmen.

 ## Die Reise des Marienkäfers

Bei dieser Fantasiegeschichte der Kinder gibt es etwas anzuschauen, deshalb können auch kleinere Kinder mitmachen.
- *Mitspieler:* Kleine oder große Gruppe, Kinder ab 4 Jahren.
- *Material:* Malpapier, Malstifte, Zeitschriften, Schere und Klebstoff, Klebebildchen mit Marienkäfermotiven.
- *Spielvorbereitung:* Jedes Kind malt auf ein Blatt Papier ein Bild oder klebt eine Collage mit Bildelementen, die es aus Zeitschriften ausschneidet. Das Erzählspiel beginnt, sobald alle Kinder fertig sind und in einem Kreis sitzen.
- *Spieldurchführung:* Sie sind Moderatorin und beginnen die Geschichte vom kleinen Marienkäfer, der in die Welt hinausfliegt und so allerhand sieht und erlebt. Die erste Station ist das Bild des Kindes, das neben ihnen sitzt, dort landet der

Sprachverständnis und Sprachspaß

Marienkäfer – und sie kleben das Klebebildchen des Marienkäfers ins Bild des Kindes. Sie erzählen, dass der Marienkäfer jetzt gelandet ist. Das Kind übernimmt die Fortsetzung der Geschichte und erzählt, was der Marienkäfer auf seinem Blatt erlebt oder sieht oder macht. Die Geschichte geht dann weiter, das heißt, Sie kleben in das Bild des nächsten Kindes wieder einen Marienkäfer, denken sich eine kurze Überleitung aus und dieses Kind erzählt weiter. Die Geschichte ist zu Ende, wenn der Marienkäfer auf allen Blättern gelandet ist und nun wieder nach Hause fliegt.